MOTIVEZ VOS ÉQUIPES
Le guide

Éditions d'Organisation
1, rue Thénard
75240 Paris Cedex 05
www.editions-organisation.com

Du même auteur :

- *De krach en crise*, Seuil, 2004.

- *Créations commerciales et publicitaires : mode d'emploi*, Éditions d'Organisation, 2004.

- *Les mensonges de la bourse*, Sous le pseudonyme de Vincent Almond, Seuil, 2003.

- *Faire passer un entretien de recrutement*, Éditions d'Organisation, 2002.

- *L'entreprise audacieuse, Comment conquérir les marchés de demain ?*, Éditions d'Organisation, 2001, préface de Frank Riboud, PDG du groupe Danone.

- *La fin des marques? vers un retour au produit*, Éditions d'Organisation, 1996. Grand Prix 1996 du Livre de Management et de Stratégie L'EXPANSION-Mc KINSEY.

- *Comment juger la creation publicitaire ?*, Éditions d'Organisation, 1996, préface de Bernard Brochand, PDG du groupe DDB.

- *Motivez vos équipes : le guide*, Éditions d'Organisation, 1997.

- *L'organisation de la coupe du monde : quelle aventure !*, Le Cherche Midi Éditeur, 1998.

Philippe VILLEMUS

MOTIVEZ VOS ÉQUIPES

Le guide

Fixer

Négocier

Suivre   les objectifs

Évaluer

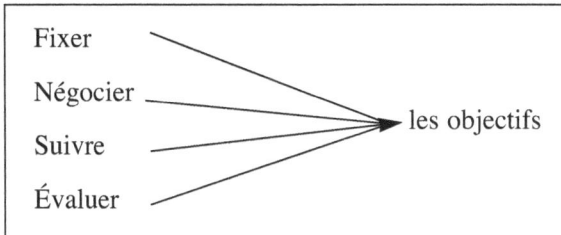

Deuxième édition

**Éditions
d'Organisation**

Collection de l'Institut MANPOWER
L'Institut MANPOWER de Recherches Prospectives en Ressources Humaines

Acteur et observateur central du monde de l'emploi, Manpower a créé en 1994 un Institut de recherches prospectives en ressources humaines afin de mutualiser son expertise dans le domaine.

L'objectif de l'Institut Manpower est double : explorer d'une part les évolutions à moyen terme en matière de GRH ; apporter d'autre part aux entreprises et aux dirigeants des outils d'aide à la décision leur permettant de se préparer dès aujourd'hui aux implications de ces mutations à venir.

La collection de livres édités aux Éditions d'Organisation s'inscrit dans cette double perspective et complète les autres actions de l'Institut Manpower : publication de cahiers de recherche thématiques, réalisation de guides sur les enjeux de la GRH, remise du Prix de l'ouvrage en ressources humaines...

Cette collection est dirigée par Jean-Pierre LEMONNIER, Denis PENNEL (MANPOWER) et Jean-Pierre RICHARD (PLUS CONSULTANT), avec la collaboration de Jacques PERRIN, directeur de l'Enseignement Supérieur et du Développement des Pôles de Compétences Technologiques CCINGA et Georges TRÉPO, professeur au Groupe HEC, ex-président de l'association Francophone de GRH (AGRH), « Program Chair de la division Management Consulting, Academy of Management, USA ».

TITRE PARUS

Jean-Paul ANTONA, *La rupture du contrat de travail : Guide juridique et pratique*, 1998.

Victor ERNOULT, *Recruter sans se tromper*, 2002, 2ᵉ édition 2004.

Guillaume FRANCK et Rafaël RAMIREZ, *Les meilleurs pratiques des multinationales : Structures - Contrôle - Management - Culture*, 2003.

Bernard MERCK et coll., *Équipes RH acteurs de la str@tégie – L'e-RH : mode ou révolution*, 2002.

Thierry C. PAUCHANT et coll., *La quête du sens*, 1997.

Jean-Marie PERETTI, *Les clés de l'équité dans l'entreprise*, 2004.

Guy-Patrice QUÉTANT et Michel PIERCHON, *L'embauche : Guide juridique et pratique*, 1998.

Stéphanie SAVEL, Jean-Pierre GAUTHIER et Michel BUSSIERES, *Déléguer – Voyage au cœur de la délégation*, 2000.

Maurice THÉVENET, *Le plaisir de travailler – Favoriser l'implication des personnes*, 2000, 2ᵉ édition 2004.

Georges TRÉPO, Nathalie ESTRELLAT, Ewan OIRY, *L'appréciation du personnel*, 2002.

Jean-Louis VIARGUES, *Le guide du manager d'équipe - Les clés pour gérer vos ressources humaines*, 2ᵉ édition 2001.

Sommaire

2ᵉ Partie

MANAGEMENT ET MOTIVATION PAR LES OBJECTIFS : LES FONDEMENTS STRATÉGIQUES 53

© Éditions d'Organisation

Avertissement

Pour écrire ce livre, j'ai dû choisir des mots pour désigner ceux qui ont la lourde responsabilité de diriger une équipe, que celle-ci soit composée d'un ou de plusieurs milliers de personnes, et qu'ils soient directeurs généraux ou contremaîtres. J'ai opté finalement et indifféremment pour deux mots : chef ou manager.

J'ai évité autant que possible l'expression « supérieur hiérarchique » car bien souvent ces supérieurs n'ont de supérieur que le nom.

De même, afin d'identifier ceux qui sont sous la responsabilité du manager ou du chef, j'ai opté pour les mots collaborateurs – sans aucune arrière-pensée pour la triste période de la dernière guerre mondiale – ou managés.

Je n'ai pas trouvé mieux pour nommer, au sein des entreprises ou des organisations, ceux qui d'un côté dirigent les autres et ceux qui d'un autre côté sont dirigés. Dans la plupart des cas, les individus sont les deux à la fois : managers et managés, chefs et collaborateurs, car on leur demande à la fois de faire et de faire faire.

Pour désigner l'acte qui consiste à diriger les hommes, à les motiver et à les gérer, j'ai volontairement utilisé un terme à consonance anglo-saxonne : management. Ce n'est en aucun cas pour sacrifier à une quelconque mode américaine ou par référence aux spécialistes de la gestion d'entreprise et des ressources humaines qui, il faut le reconnaître, sont le plus souvent américains. D'ailleurs le mot management ne constituerait pas une entorse au respect de la langue de Molière, puisque, selon certains, management serait un mot d'origine française. Il viendrait à la fois du mot « ménage » et de son dérivatif « ménagement », qui désignerait tout simplement la gestion du ménage, et du mot « manège » et de son dérivatif « manègement », qui décrirait l'acte de conduire et de diriger les chevaux du manège.

Le management serait donc à la fois la gestion des choses et la conduite des hommes.

Introduction

« C'est ce que nous pensons déjà connaître qui nous
empêche souvent d'apprendre. »
Claude Bernard

Avant d'être impitoyable pour les entreprises, la guerre économique est particulièrement sévère pour les hommes et les femmes
qui composent les organisations. En effet aujourd'hui, en Europe
en général, et en France en particulier, les premières victimes sont
les personnes qui subissent soit le non-emploi (autre mot pudique
pour désigner le chômage) soit la pression d'avoir à lutter pour
conserver leur poste ou à produire plus et mieux pour maintenir le
niveau d'activité des sociétés qui les emploient. Près de 10% de la
population active est aujourd'hui au chômage en France.

Il serait trop facile pour l'économie française et les entreprises,
PME ou multinationales, d'appliquer des recettes toutes faites qui
redynamiseraient l'activité économique du pays, relanceraient la
croissance, restaureraient les profits perdus et recréeraient les
emplois que d'année en année la France perd. La complexité de la
bataille est à la hauteur de la complexité des solutions possibles
pour la résoudre. Chaque entreprise est différente et chacune doit
faire face à des problématiques spécifiques en fonction de sa taille,
de son marché, de ses concurrents, de ses produits, de ses structures financières, industrielles ou commerciales. Au-delà des
grandes mesures politiques qui essayent depuis des années d'inspirer au niveau macro-économique des remèdes au chômage, on peut
néanmoins discerner, par important secteur d'activité, des grands
groupes de solutions pour retrouver la croissance : recherche de la

productivité à outrance, baisse généralisée des coûts, délocalisation des productions industrielles, recherche de la taille critique pour augmenter les économies d'échelle, mise en avant de l'innovation – au moins au niveau des discours –, amélioration des relations avec la distribution pour les produits de grande consommation, fusions, rachats, internationalisation, recentrage sur les métiers d'origine, recherche des alliances, etc. Aucune de ces voies vers la relance ne peut, seule, constituer la panacée. C'est sans doute de la combinaison intelligente et innovatrice de certaines de ces politiques que renaîtra la croissance. Mais sera-ce suffisant ?

Et si les solutions passaient aussi, et tout simplement, par le management des hommes et des femmes ? Et si d'une meilleure politique de gestion des ressources humaines naissaient les fondations pour une stratégie de renouveau ? La crise économique est avant tout une crise humaine. Le progrès économique n'est valable que s'il se traduit par un progrès social et humain. Mais peut-être que le progrès économique, la croissance de l'économie et des parts de marché, et l'augmentation des bénéfices passent avant tout par un progrès dans le management des hommes. La crise, qui crée une pression court terme et farouche sur l'imagination et l'inventivité des organisations, nous a éloignés de l'intérêt et de l'attention que les entreprises doivent pourtant porter sur leur façon de manager leurs collaborateurs. On oublie pourtant parfois un peu vite que les entreprises les plus performantes aujourd'hui sont souvent en premier lieu des entreprises où l'on manage bien les hommes. Est-ce un simple truisme ? Ce qui semble, avec le recul, une évidence des années 60 et 70, mérite d'être rappelé au milieu des difficultés économiques.

Et si le management des hommes pouvait être un avantage concurrentiel décisif ? Durant les « Trente Glorieuses », les spécialistes du management ont développé de nombreuses théories et pratiques pour améliorer la gestion des ressources humaines. Par exemple l'irruption puis la domination de certaines entreprises japonaises sur le marché mondial a frappé l'imagination des occidentaux par la singularité et l'efficacité de leur politique de management. Car aujourd'hui le discours et les politiques suivies pour résoudre la crise se concentrent sur les aspects industriels, financiers ou marketing. Cela est nécessaire mais non suffisant. Cela est nécessaire mais peut-être pas prioritaire, serait-on tenté d'écrire par provocation des intelligences existantes. On oublie un peu trop vite sous la pression des chiffres, qui sont comme chacun le sait têtus, que ce sont les hommes et les femmes qui forment les entreprises et qui font l'entreprise. De leur motivation, de leurs compétences, de leur intelligence, de leur autonomie au travail et de leur efficacité dépendent les résultats financiers et commerciaux. L'entrepreneur précède l'entreprise. Les hommes précèdent l'organisation.

Pour retrouver la croissance il faut donc remettre la gestion des hommes au cœur même des préoccupations des dirigeants. La motivation est aussi prioritaire que l'innovation dans les stratégies de croissance. Le temps est venu où il faut à nouveau croire à la valeur primordiale du management des ressources humaines. Il faut surtout reconsidérer le management comme une science qui ne s'improvise pas. La motivation est-elle un des moteurs de la croissance économique ? Oui si l'on pense qu'un meilleur management des hommes et des femmes contribue à un accroissement de l'efficacité, de la productivité, de l'innovation, de la créativité, de la qualité et par voie de conséquence à un accroissement des ventes et des profits. « La motivation c'est scientifique ! » serait-on tenté de s'exclamer. Or, combien de dirigeants, en ces périodes difficiles où la concurrence s'exacerbe et devient mondiale, se penchent réellement sur le problème du management ? Avant de revoir leur stratégie industrielle, de réduire les coûts, de délocaliser, ont-ils vraiment étudié en profondeur la façon dont le personnel est managé, quotidiennement dans leurs entreprises ? Certains savent-ils qu'ils ont peut-être des trésors cachés au sein de leur entreprise qu'ils pourraient déterrer par certaines améliorations de management ? Certes ces améliorations, mêmes anodines, ne sont pas faciles à trouver et surtout à mettre en place. Personne ne peut nier que la route de la croissance économique n'est pas un long fleuve tranquille. Au contraire, améliorer le management au sein d'une entreprise est une mission complexe, semée d'embûches, parfois ingrate, souvent de longue haleine mais toujours payante. Et c'est là l'essentiel.

Le management des hommes n'est pas seulement chose difficile. C'est la chose la plus difficile qui soit. Un directeur des ressources humaines d'un grand groupe, dont on taira le nom, a
l'habitude de confier dans le secret de son bureau, que les entreprises hésitent souvent à embaucher parce qu'elles ne savent pas
gérer les hommes. Sans partager cette vision qui donne trop dans
le pessimisme et qui renie les réelles difficultés économiques du
moment, on peut néanmoins affirmer que les entreprises françaises ont une approche encore trop empirique et trop peu dynamique du management des ressources humaines. Elles n'ont pas
dans ce domaine de politique dynamisante qui tendrait à maximiser la motivation et le potentiel des hommes et donc des résultats
économiques. Ce constat qui peut paraître sévère se vérifie en
interrogeant la plupart des salariés des entreprises qu'elles soient
petites, grandes, industrielles, de services, de produits de grande
consommation, de produits à forte valeur ajoutée, publiques, parapubliques ou privées. N'a-t'on pas le sentiment aujourd'hui dans
les entreprises en France de mal utiliser ou de sous-utiliser le
potentiel intellectuel et la richesse des compétences existantes ?
Beaucoup de cadres par exemple vous diront qu'ils travaillent
beaucoup, voire trop, mais ils ajouteront aussi qu'ils sont surtout
mal utilisés, mal encadrés et qu'ils ne savent pas où ils vont et où
va leur entreprise. Ce « mal-management » engendre d'ailleurs
des situations de stress. Car le stress naît autant de la suractivité
que du sentiment d'inutilité ou plus encore de non-clarté du rôle
et des missions tenus dans l'entreprise. En d'autres termes de la
non-clarté des objectifs à atteindre. En paraphrasant la célèbre
question que Gauguin a peinte dans un de ses tableaux, beaucoup
de managés se demandent : « Que faisons-nous ? A quoi servons-
nous ? Où allons-nous ? ». Ou plutôt : « Quel but poursuit mon
entreprise ? Quels sont ses objectifs ? Quels sont *mes* objectifs ? ».
Cette dernière question est finalement la plus importante. Chaque
personne au sein d'une entreprise attend avant tout qu'on lui fixe
clairement des objectifs qu'elle pourra atteindre et qui seront
mesurés à la fin d'une période donnée.

Au début des années 70, les entreprises en France (avec
d'abord les filiales des entreprises américaines installées sur le

territoire français) introduisaient dans leur politique de ressources humaines, une technique pratiquée depuis des années outre-Atlantique : le Management par Objectifs (ou MPO), traduction littérale de l'anglais Management by Objectives (ou MBO). Or près de trente ans plus tard, si beaucoup d'entreprises affirment pratiquer depuis des années un management plus scientifique fondé sur la fixation annuelle d'objectifs précis, suivis et mesurés, bien peu ont en fait une aussi remarquable politique d'objectifs partagés, consolidés et atteints. Comme dans beaucoup de domaines, il y a un grand écart entre le discours et la réalité. Et un abîme entre les fiches d'évaluation – quand elles existent – que l'on remplit et dépose machinalement et sans conviction dans les vastes fichiers roulants du Département du Personnel, et les relations quotidiennes qui s'établissent sur le terrain, dans les usines, les bureaux, les laboratoires, les chantiers, les services études ou de comptabilité et les comités de direction, entre les ouvriers et le contremaître, les vendeurs et leur chef de vente, les techniciens et l'ingénieur, le cadre et ses collaborateurs ou ses supérieurs, le cadre supérieur et ses équipes ou son directeur général. Quelles en sont les raisons ?

Tout d'abord un véritable management par objectifs peut sembler être une contrainte pour l'ensemble des hommes et des femmes qui composent l'entreprise. Il suppose, en apparence, des procédures parfois bureaucratiques qui peuvent peser inutilement sur l'organisation.

Ensuite le management par objectifs, tel qu'il a été inventé il y a des décennies, n'est sans doute plus adapté à la situation économique tendue d'aujourd'hui. A l'origine le management par objectifs avait uniquement pour but l'exploitation maximale des moyens humains dans un contexte de croissance à l'américaine. Or parce qu'il a été mal compris, mal expliqué ou mal appliqué, il est le plus souvent devenu – ou a été perçu comme tel – un outil presse-citron, exigeant voire coercitif, source de stress et d'angoisse. La greffe d'une méthode anglo-saxonne volontiers « comportementale » (et inspirée de l'école béhaviouriste anglo-saxonne) sur une culture latine plus « psychologique » a peut-être mal pris.

Enfin, le management par objectifs est sûrement dépassé dans ses techniques anciennes. Si le but recherché est le même, l'accroissement des résultats, la méthode pour y parvenir doit s'adapter à la complexité des situations économiques. La méthode pour fixer, négocier et mesurer les objectifs doit changer et doit être mieux pratiquée, diffusée et enseignée.

Et puis surtout, manager par les objectifs ne suffit plus. Le manager a aussi pour rôle d'accompagner ses équipes, de partager avec eux les moyens dont elles vont disposer pour atteindre leurs objectifs. Plutôt que d'utiliser le terme anglo-saxon « coaching » nous utiliserons une nouvelle expression pour décrire ce rôle managérial : le management par la méthode ou par les moyens.

Le but de ce livre n'est pas de remettre au goût du jour une vieille méthode expurgée de ses défauts. Le but est de proposer ici une méthode simple et opérationnelle qui permette à chaque manager et managé de tirer le meilleur d'eux-mêmes et des autres dans un climat serein et détendu. Sans éviter un rappel sur les fondements stratégiques de la méthode proposée, cet ouvrage insiste plus sur le « comment ? » que sur le « quoi ? ». L'important pour les hommes et les femmes d'entreprise n'est pas de savoir *ce qu'il faut faire* mais de savoir *comment il faut le faire*. De même qu'il existe des techniques de vente bien rodées qui enseignent aux professionnels de la vente comment réussir leurs ventes et qui découpent méthodologiquement et presque scientifiquement les différentes phases de l'acte de vente, cet ouvrage entend donner des techniques et une méthodologie qui permettent de mieux fixer, négocier, contrôler et mesurer les objectifs périodiques et qui permettent d'augmenter la motivation des hommes et donc les résultats de l'entreprise.

Car l'ambition de cet ouvrage est de remettre la motivation des équipes au centre des préoccupations de tous les managers. Et cette plus grande motivation – et cette meilleure efficacité – passe incontestablement par une meilleure fixation, anticipation, organisation et cohérence des missions et donc des objectifs de tous, individuellement ou collectivement, managers ou managés, chefs ou collaborateurs.

Ce livre s'adresse donc aussi bien aux managers, nouveaux, expérimentés, de premier niveau ou dirigeants, qui souhaitent améliorer le management de leurs équipes non seulement sur le fond (pour améliorer les résultats de chiffre d'affaires ou de profit de leur entreprise) mais aussi sur la forme (pour créer un climat plus serein), qu'aux managés qui sont en droit d'exiger de leurs chefs un cadre de travail et de responsabilité clair et motivant où les règles du jeu sont objectives et fixées au préalable à toute mission.

En écoutant les hommes et les femmes d'entreprise qui dirigent des équipes tout en étant eux-mêmes dirigés par d'autres hommes ou femmes, on en tire la leçon suivante : on est souvent plus exigeant avec son manager et critique sur les méthodes de son chef qu'on ne l'est avec soi-même et son propre mode de management pratiqué envers ses collaborateurs. La critique du management de son supérieur hiérarchique est facile, l'art de diriger ses collaborateurs est plus difficile.

Dans une première partie, nous montrerons comment les entreprises, dans un environnement plus complexe et plus concurrentiel, ont besoin pour réussir d'avoir une politique de fixation, de suivi et de mesures des objectifs individuels et collectifs, claire et précise.

Dans une seconde partie nous fixerons les fondements stratégiques qui permettent ensuite de bâtir un management motivationnel par les objectifs. Nous verrons que la définition des objectifs est un contrat passé entre l'entreprise et l'ensemble de ses collaborateurs et ensuite entre chaque manager et ses managés. Nous analyserons quelles caractéristiques doivent avoir les bons objectifs.

Enfin, dans une troisième partie, nous présenterons une méthode opérationnelle pour fixer, hiérarchiser, négocier, suivre, contrôler, modifier et évaluer en détail les objectifs et donc le travail des collaborateurs.

Deux mots guideront en filigrane ce nouveau type de management par objectifs : motivation et responsabilisation. Nous prônerons une motivation certes dynamique mais adaptée au niveau de compétences et d'ambitions de chacun. Quant à la responsabilisation de tous au sein de l'entreprise, elle exige au préalable que soient correctement fixées et attribuées les responsabilités et les missions.

Première partie

_____

LE MANAGEMENT ET LA MOTIVATION PAR OBJECTIFS : UNE NÉCESSITÉ POUR GAGNER

1 LA CROISSANCE DE LA COMPLEXITÉ ET DE LA CONCURRENCE

« N'accroche pas ton pagne aux cornes de l'antilope ».
Alexandre Vialatte

La complexité de l'environnement économique est une évidence. Ce qui l'est peut-être moins, c'est aussi la complexité croissante de la gestion interne de l'entreprise. Ce qui est certain, c'est que la croissance de la complexité sera une constante clé du futur.

A cette croissance de la complexité vient aussi s'ajouter une augmentation de la concurrence. Cette double pression remet en cause les schémas traditionnels et rigides du management des hommes.

A. MANAGER DANS LA COMPLEXITÉ

Un manager doit faire face, dans la gestion quotidienne de ses équipes et dans ses relations avec sa propre hiérarchie, à une masse d'informations, d'interactions, d'évolutions et de changements de plus en plus grande et variée et de moins en moins prévisible et explicable.

1. L'information disponible croît de manière exponentielle

Le recours incontournable à l'informatique et aux nouvelles technologies de l'information est non seulement un acquis dans la gestion des entreprises mais aussi, et surtout, la preuve que les cerveaux humains seuls ne suffisent plus à dominer « l'administration des choses », c'est-à-dire la gestion des affaires, des chiffres et des faits. Aucune organisation un tant soit peu sophistiquée et qui veut survivre ou se développer sur son ou ses marchés ne peut le faire aujourd'hui sans systèmes d'information performants.

Par ailleurs, tous les spécialistes nous promettent un avenir pas si lointain où la maîtrise des technologies multimédia de l'information et des réseaux mondiaux de communication sera un facteur-clé de succès.

Notre société est en passe de devenir une société d'information et de communication. Dans les entreprises, le moindre acte opérationnel, comme une simple prise de commande ou le stockage de quelques pièces détachées, devient le résultat d'une longue chaîne de traitement d'informations théoriques et de décisions sur des données intangibles. La gestion des flux d'information, le filtrage puis la compréhension de toutes ces informations sont les grands défis qui se posent à toutes les entreprises et à tous les managers. Car la croissance de l'information évolue de manière exponentielle.

Mais si les technologies de l'information et de la communication peuvent aider à collecter, trier, classer et restituer les relations avec les chiffres et les données, elles ne peuvent se substituer aux hommes dans le domaine des relations humaines.

Et cette complexification croissante de l'information complexifie les relations quotidiennes, mais surtout rend difficile la fixation des critères qui permettront d'évaluer le travail des collaborateurs.

Pour s'en rendre compte il n'y a qu'à entendre les plaintes prononcées aussi bien par les managers que par les managés au sujet de la masse des courriers externes, internes, documents, rapports, analyses ou autres circulaires qu'ils reçoivent. Car souvent cette information est soit inutile et ne contribue donc pas à l'augmentation de l'efficacité, soit au contraire parcellaire et partielle.

Or, ce qu'un managé attend de son manager ce sont les bonnes informations au bon moment sur le bon sujet, qui vont lui permettre de remplir ses missions et d'atteindre ses objectifs. Le rôle du manager est donc d'abord de trier et de filtrer l'information. Non pas pour cacher ou pour garder un quelconque pouvoir, mais pour aider, faciliter et simplifier le travail de ses équipes.

Toute information n'est pas bonne à diffuser. On parle parfois de la nécessité d'une information totale au sein de l'entreprise. Nous pensons que l'information – ou la communication – totale a ses limites. Il est illusoire de croire que l'information doit être globale et ne peut créer des faiblesses dans l'entreprise. Nous laissons cela aux idéalistes qui ont les yeux plein d'étoiles et qui pensent que le but ultime est l'ouverture totale des vannes de l'information et de la communication. Si l'entreprise souhaite que sa communication interne soit totale, elle deviendra au mieux totalitaire.

Le manager doit donc s'intéresser davantage à la qualité de l'information qu'à sa quantité. Il doit veiller à trouver un savant équilibre entre l'information directement nécessaire, opérationnelle et contributive à la réalisation des objectifs de travail, et l'information que nous qualifierons de « contextuelle » qui replace les objectifs dans un contexte général et qui a un impact indirect sur la motivation et l'atteinte des objectifs.

2. Les caractéristiques de l'information changent

C'est sans aucun doute une des grandes révolutions de cette fin de siècle. L'information à disposition des managers et des managés revêt aujourd'hui plusieurs caractéristiques nouvelles.

Tout d'abord elle devient mondiale : au sein du « village mondial » nous sommes désormais au courant de tout ce qui se passe sur les cinq continents.

Ensuite elle devient immédiate, sans qu'on ait eu le temps de la trier. Manager et managés la découvrent immédiatement et en même temps. Elle fait donc parfois plus perdre de temps qu'elle en fait gagner.

Elle est fugace. Une information donnée un jour est déjà oubliée ou démodée le lendemain. Mal gérée par le manager, cette fugacité de l'information crée des perturbations inutiles et du stress.

Elle génère des situations d'incertitudes : « On nous avait dit ça hier, on nous dit ça aujourd'hui », « Mon chef change toujours d'avis », « Mon entreprise n'a pas de suite dans les idées », « Mon chef n'a pas de suite dans les idées ».

Elle a plusieurs sources, parfois contradictoires. Parce que les équipes vivent de moins en moins isolées et que chaque collaborateur est souvent en contact avec d'autres personnes venant de départements différents.

Le développement du travail en équipe et des groupes multifonctionnels fait que chaque managé peut avoir fonctionnellement dans la réalité plusieurs chefs. Au sein d'un groupe de projet, le managé rapporte plus au chef du projet qu'à son propre manager par exemple.

Enfin, elle est facile d'accès. De même que toutes les entreprises peuvent avoir accès aux mêmes informations et peuvent repérer les mêmes opportunités ou risques, les collaborateurs ont de plus en plus souvent accès aux mêmes informations que leurs chefs. Ces informations ne fonctionnent plus seulement de haut en bas ou de bas en haut, mais en réseau, aussi bien à l'intérieur qu'à l'extérieur des organisations.

Les sources de l'information

VISION PATERNALISTE DE CIRCULATION DE L'INFORMATION

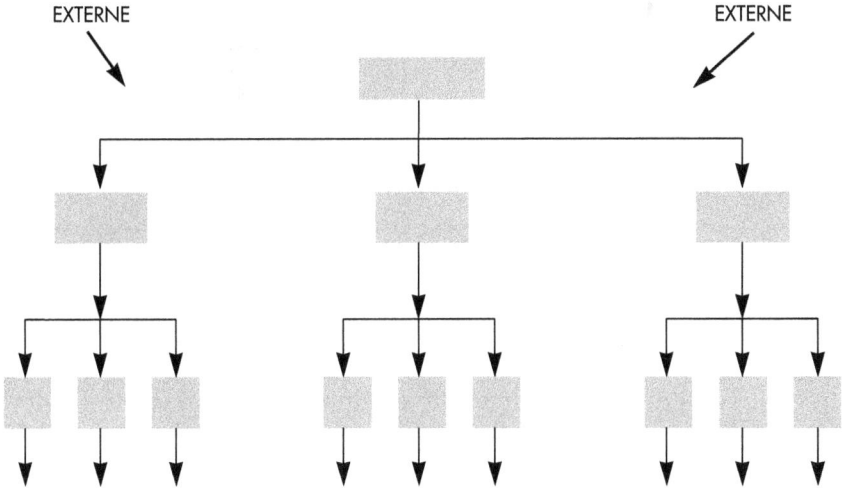

EXTERNE

EXTERNE

VISION TRADITIONNELLE

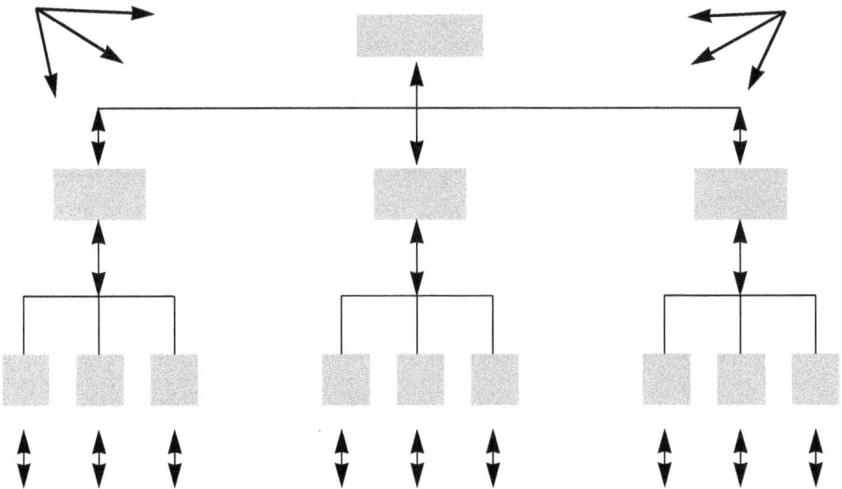

VISION MODERNE

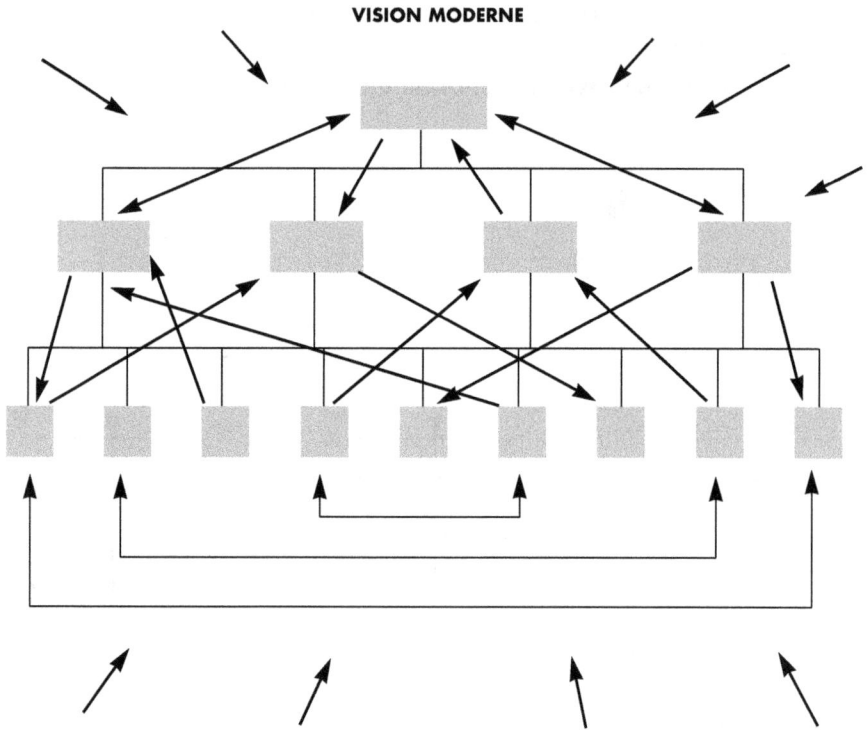

On pourrait aussi citer le développement de ce que nous appellerons le « management à distance ». L'utilisation des nouveaux systèmes d'information comme Internet va permettre de travailler à distance. Forcément les managers devront adapter leur management à cette évolution où le management « face-to-face » (de proximité ou relationnel) perdra de sa puissance

3. Les interactions sont plus nombreuses

Toutes les données et les facteurs sont interdépendants au niveau de l'information. De même au niveau du management les interactions entre différents départements et différents niveaux hiérarchiques se multiplient. Les projets pluridisciplinaires et les groupes de travail en sont quelques exemples. Le supérieur hiérarchique direct perd en fait le monopole de la détermination des missions et des objectifs de ses équipes. Il perd aussi le monopole des moyens qu'il donne à ses collaborateurs, que ce soient des moyens budgétaires, humains ou temporels. Il n'est plus seul responsable du travail de ses collaborateurs. Il n'est plus le seul chef. D'où la nécessité d'une extraordinaire cohérence et clarté dans la définition des buts à atteindre. Combien de collaborateurs que l'on envoie travailler dans des groupes de projet en reviennent surpris par les différences de vues et d'objectifs sur le fond entre le chef de projet, pourtant investi d'une mission prioritaire par l'entreprise, et le chef hiérarchique. Sans parler bien sûr des différences de forme qui sont elles, plus naturelles et normales. Car il n'y a rien de plus stressant et d'inefficace pour un collaborateur que d'avoir des objectifs différents, parfois contradictoires, venant de deux managers différents.

4. Les évolutions sont moins prévisibles

Les entreprises ont de plus en plus de mal à prévoir le futur, que ce soit sur le plan politique, social, économique, technologiqu, industriel, commercial ou sur le plan de leurs propres objectifs. Les positions acquises ne le sont jamais pour longtemps. Les entreprises doivent faire face à un double défi presque contradictoire : d'un côté elles doivent arriver à définir une vision lointaine du futur leur permettant de tracer leur projet d'entreprise et de conceptualiser les produits ou les services qui leur feront gagner ou stabiliser des parts de marché ; d'un autre côté elles doivent gérer des changements plus fréquents et raccourcir les délais entre les innovations et surtout les horizons de planification.

Par exemple on sait que l'écart technologique est certes toujours décisif, mais ne l'est plus longtemps. Un des défis majeurs pour Renault dans l'industrie automobile est de raccourcir ses délais (de la conception à la fabrication) pour « sortir » ses nouveaux modèles. La décision de Renault de créer à partir de 1998 un technocentre à Guyancourt, rassemblant près de 6 000 spécialistes travaillant à la recherche, au développement et à la concep-

© Éditions d'Organisation

tion des futurs modèles Renault, répond à ce souci de réduire le temps de développement des véhicules (de 43 à 38 mois) et les coûts.

Au niveau management, cela signifie qu'un objectif fixé il y a six mois peut devenir obsolète six mois plus tard. L'objectif et les moyens fixés par les managers doivent donc intégrer ce besoin de flexibilité sans perturber ni la bonne marche de l'entreprise, ni le travail des collaborateurs. Le bon manager sera celui qui saura définir plusieurs scénarios et non pas un seul plan figé, et qui saura surtout traduire ces différents scénarios en objectifs opérationnels pour ses équipes.

5. Les changements sont moins explicables

C'est très souvent une des causes principales de la mauvaise acceptation des changements au sein de l'entreprise.

On sait que le changement est source de stress et de difficulté dans les équipes. Par exemple on connaît les troubles et les pertes de temps que génèrent l'annonce d'un changement d'organisation ou la mise en place d'un nouvel organigramme au sein d'un comité de direction, d'un service ou d'une équipe de secrétaires, de vendeurs ou d'ouvriers. Les résistances au changement sont naturelles chez l'homme. Elles peuvent néanmoins être atténuées si on les explique clairement et rationnellement. Encore faut-il bien sûr que ces explications ne soient pas des explications « langue de bois », *a posteriori*, fabriquées ou manipulatrices. Elles doivent être étayées, factuelles, logiques et vérifiables.

Or justement, quelles que soient les bonnes volontés et la sincérité des managers, les changements économiques sont moins explicables que par le passé. Par exemple il est toujours difficile pour une entreprise de produits de grande consommation d'expliquer la réussite ou l'échec d'un produit. Il est en effet impossible d'isoler les facteurs explicatifs que peuvent constituer le prix absolu, le prix relatif, l'impact de la distribution, de la politique commerciale, de la motivation de la force de vente, de la pertinence du plan marketing, de la qualité du produit, de l'attractivité de l'emballage, du rapport qualité-prix, des performances intrinsèques du produit, etc. La complexité de l'économie doit inciter les dirigeants et les managers à plus d'humilité.

Dans ce contexte de complexité il devient en tout cas plus difficile de définir les objectifs.

B. MANAGER DANS L'INSÉCURITÉ

La croissance de la complexité n'est pas la seule nouveauté qui rende difficile le management en ce début de siècle.

La croissance de l'insécurité due à l'exacerbation de la concurrence et les risques du chômage viennent complexifier le rôle et le métier de manager.

1. La globalisation de la concurrence

La concurrence ou la « compétition », comme disent les Anglo-Saxons, devient globale (Asie, Etats-Unis, Europe).

Pour les managers cela signifie, à l'intérieur des entreprises internationales, gérer des populations de langues et de cultures différentes. Il va falloir pourtant fédérer ces équipes de nationalités différentes derrière les mêmes buts. La fixation d'objectifs précis et leur mesure deviennent encore plus nécessaires. Les managers vont devoir mettre en place un management fondé sur plus d'objectivité et d'impartialité, qui transcende les différences culturelles et linguistiques mais qui puisse aussi laisser s'exprimer les spécificités de chacun.

En outre pour les entreprises publiques ou parapubliques, l'ouverture et la libéralisation des grands marchés (télécommunications, transports, énergie, services postaux, etc.) vont créer des situations de remous aux proportions incalculables. La fonction publique va se trouver confrontée à des obligations de résultats fixées non plus par des autorités de tutelle mais par le marché, la concurrence et la demande.

2. La croissance des fusions-rachats

Dans ce contexte le mot d'ordre pour les entreprises est de chercher la taille critique dans leur activité.

C'est un changement radical par rapport aux diversifications tous azimuts des années 70, ou à la quête des intégrations horizontales ou verticales. Désormais la volonté est de se recentrer sur les « poules aux œufs d'or » pour accroître la productivité, les synergies et les compétences. Dans ce contexte, le nombre des fusions ou rachats s'accroît. Or la croissance externe, par opposition à la croissance interne, tue l'emploi et pose d'emblée le problème du management des hommes.

En effet la fusion de deux entreprises a pour conséquence la superposition ou le choc de deux cultures, de deux types de management et parfois de plusieurs objectifs d'entreprise.

3. La pression économique et une concurrence accrue

La situation économique et concurrentielle met les entreprises sous pression aussi bien par rapport à l'externe qu'à l'interne. Le chômage dépasse aujourd'hui les 12% en France, mais surtout depuis la fin des années 80, touche une population jusque-là plus ou moins épargnée : les cadres, moyens ou supérieurs, et les dirigeants. A la fragilité et à la précarité de la situation des entreprises viennent s'ajouter la fragilité et la précarité pour tous les managers et managés. Aucune place n'est jamais définitivement acquise.

On ne dira jamais assez les conséquences qu'entraîne la lutte pour trouver ou sauvegarder un emploi dans la population active. Certes ceux qui ont un emploi ont indéniablement une situation plus envieuse que ceux qui n'en ont pas, mais la croissance du chômage crée une nouvelle tension psychologique parmi tous les acteurs de l'entreprise. Cette tension psychologique entraîne des peurs et des réflexes de survie qui font parfois oublier les règles essentielles d'un management des hommes rationnel. Car la compétitivité des entreprises passe aussi par la compétitivité du management des ressources humaines.

Pour faire face aux difficultés économiques, le manager performant doit attacher encore plus d'importance à son management d'équipe, être encore plus rationnel, précis, négociateur et motivant. En réaction aux situations d'incertitudes et de perte de confiance en l'avenir, la seule réponse souhaitable est de renforcer et de mieux tracer les objectifs que l'on assigne à l'entreprise et à ses collaborateurs.

Car pour beaucoup de femmes et d'hommes d'entreprise, la crise se traduit par un manque de visibilité sur leur propre futur professionnel et sur leur vie en général. L'entreprise, lieu où les individus passent le plus clair de leur temps, doit au moins offrir dans sa réalité quotidienne un cadre clair. Certes, bien délimiter les responsabilités de chacun au sein d'une organisation ne permet pas de résoudre d'un seul coup les problèmes structurels que certaines entreprises éprouvent sur le plan financier, au niveau des coûts de leurs produits et des attaques concurrentielles d'entreprises venant de pays plus performants ou commercialement plus agressifs. Un meilleur management des hommes n'est pas le remède à tous les maux de l'entreprise, mais il est un préalable absolu à toute autre modification stratégique. Car le management des hommes, en période de crise, est devenu un élément de la stratégie des entreprises. En période de croissance, le management par objectifs était la plupart du temps utilisé pour accélérer cette croissance et servait au mieux de stimulant ou au pire de carotte aux collaborateurs.

Aujourd'hui, le management doit servir à clarifier le rôle, les responsabilités et l'utilité de chacun au sein de l'entreprise. Il doit donner un sens à l'activité de tous pour entraîner l'activité dans une même direction. Face au désordre, au bouleversement et à l'incertitude, le rôle du manager est d'insuffler de l'ordre, de la sérénité et à défaut de certitudes, des convictions et une vision plus claire. Cela bien sûr peut sembler une gageure, mais nous verrons plus loin comment réussir à donner ce souffle.

4. Le manque de repères

Que ce soit dans les entreprises privées, régionales ou internationales, publiques ou parapubliques (et parfois en situation de quasi-monopole), les collaborateurs souffrent cruellement d'un manque de repères dans leur activité quotidienne, mensuelle et annuelle.

Paradoxalement d'ailleurs, c'est souvent dans les organisations publiques ou les grandes administrations que l'on ressent le plus fortement cette perte de marques et de valeurs. Pour beaucoup de ces organisations, l'échéance de la libération des grands marchés dans les télécommunications, la production et la distribution d'énergie, les transports aériens ou les services postaux génère des craintes légitimes sur l'avenir.

Et ce d'autant plus que la plupart du temps dans ces grandes entreprises, la fixation, le suivi et l'évaluation des objectifs n'ont pas toujours été pratiqués avec rigueur.

Dans la tourmente économique, certaines entreprises perdent leurs repères : elles ne savent plus comment lutter efficacement sur leurs marchés, ni comment développer les bonnes stratégies produits. Cette tourmente finit par toucher fatalement les hommes et les femmes. « Où allons-nous ? » devient ainsi une question récurrente mais aussi angoissante.

Sans aller jusqu'à l'image paternaliste du chef éclaireur, qui joue le rôle phare, le rôle du manager est aussi de dresser le cadre de travail et de tracer les balises qui permettront de suivre les résultats des collaborateurs afin d'atteindre les objectifs d'entreprise.

5. L'obligation de résultats

Mais attention, il ne s'agit pas de faire d'un meilleur management des hommes et des femmes une finalité en soi. Partie intégrante de la stratégie d'entreprise, il reste un moyen pour atteindre des résultats souvent mesurés en parts de marché, chiffre d'affaires et profit.

Plus encore qu'en période de croissance, les managers et les managés sont de plus en plus soumis à une obligation de résultats. Il en va de la survie de l'entreprise. Cette obligation de résultats, tous la ressentent à tous les niveaux de l'entreprise et dans tous les secteurs. Or, l'obligation de résultats exige aussi une obligation de moyens. Elle impose aux managers l'obligation de créer les conditions à la réussite. L'obligation de résultats exige aussi que les résultats à atteindre, c'est-à-dire les objectifs, aient été préalablement fixés, puis communiqués à l'ensemble des managers et des managés, contrôlés et enfin évalués.

La recherche de la compétitivité et de la productivité des entreprises doit s'inscrire dans une recherche de l'efficacité des hommes et des femmes au travail. Mais cette recherche de l'efficacité ne doit pas se faire à l'aveugle et doit tenir compte du niveau de motivation et de compétences de tous. Elle passe donc par une plus grande efficacité du management.

2 MIEUX MANAGER POUR GAGNER

> *« Quiconque gagne bien ne s'échine pas.*
> *Quiconque s'échine ne gagne pas. »*
> Proverbe chinois

Gagner des parts de marché, retrouver la croissance, améliorer la profitabilité ou stabiliser des résultats ne sont pas des notions abstraites. Mieux manager, selon nous, n'est pas non plus un acte abstrait ou un simple vœu pieux.

Un bon management est la condition *sine qua non* à la réussite d'une entreprise, d'un projet ou d'une mission.

A. FIXER LE CADRE PSYCHOLOGIQUE ET DÉFINIR LE CADRE DE TRAVAIL

Nous l'avons dit précédemment, en période de crise, le manager joue deux rôles-clés. Tous d'abord il doit fixer le plus précisément possible le cadre de travail de ses collaborateurs avec un souci d'impartialité et d'équité. Ensuite il lui appartient de créer les conditions psychologiques propices à une plus grande motivation et à un épanouissement du potentiel des collaborateurs.

1. Plus d'objectivité

Quand tout va bien dans l'entreprise, c'est-à-dire quand les résultats financiers sont positifs et augmentent, le management des hommes peut sans doute se satisfaire de moins de précision et de rigueur dans la répartition des résultats ou des récompenses (pour les promotions par exemple) et de plus d'indulgence dans les sanctions éventuelles (pas d'augmentation de salaire, blocage de carrière, voire dans les cas extrêmes licenciement). Il n'en va pas de même dans les situations de crise ou en cas de difficultés financières ou commerciales. L'éthique exige que le management en situation de crise soit impartial et surtout non subjectif.

L'objectivité du manager est une qualité souvent peu citée dans la liste des critères du bon manager qu'on donne dans les écoles. Or, avoir de l'objectivité, c'est-à-dire porter un jugement qui ne fait pas intervenir d'éléments personnels, affectifs ou contestables, suppose d'avoir établi des critères ou des repères à ce jugement.

Le management des hommes n'est pas une action qui se fait dans l'absolu. Au contraire le management est toujours un acte relatif, évolutif et non figé. Le management est toujours relatif à une situation donnée, à une équipe donnée, à des moyens, à des délais, à des budgets et donc à des objectifs fixés et des résultats attendus. On manage en fonction des objectifs à atteindre. C'est cette relativité du management qui impose la fixation claire des objectifs à ses collaborateurs et leur évaluation impartiale.

2. Vers un management plus organisationnel ?

Il est de bon ton dans les séminaires traditionnels sur le management de mettre en avant, surtout en France, les fondements psychologiques des relations humaines et d'insister sur les qualités relationnelles que doivent avoir les managers. Ces « qualités » relationnelles peuvent prendre selon les théoriciens des formes diverses allant du charisme au leadership, en passant par l'aura personnelle, le rayonnement et l'intuition.

Or, sans remettre en cause ces caractéristiques psychologiques, nous pensons qu'en période de crise le management doit être aussi plus organisationnel.

Il existe à ce sujet des différences fondamentales entre les attitudes françaises et les attitudes anglo-saxonnes. Les entreprises et les dirigeants anglo-saxons ont une attitude beaucoup plus – voire seulement – organisationnelle du management des ressources humaines. Curieusement les Japonais pratiquent aussi un management beaucoup plus organisationnel que les Français. La puissance actuelle des entreprises américaines, allemandes ou japonaises ainsi que la notoriété mondiale et la réputation de qualité de leurs produits ou services semblent donner raison à cette approche organisationnelle à l'anglo-saxonne.

Les Américains et les Japonais pratiquent un management fondé sur l'objectivité, les faits et les objectifs à atteindre. Chez eux la fixation des objectifs et des buts à atteindre est un préalable à toute action et à tout plan. Ce préalable, ils l'appliquent aussi bien aux projets court terme qu'aux projets long terme. Les objectifs de l'entreprise sont ensuite divisés et subdivisés en objectifs individualisés qui contribuent tous aux objectifs majeurs.

Par exemple le « target costing » (en japonais « Yenka Kikadu », en français « Méthode du coût projeté »), méthode japonaise de fixation des prix, considère le coût du produit non pas comme une conséquence mais comme un objectif à atteindre (une cible). Dans la plupart des entreprises françaises, on fixe le prix de vente en ajoutant une marge aux coûts de revient. La méthode japonaise du « coût cible » fixe le prix de revient à atteindre comme étant la différence entre le prix optimal et la marge que l'on souhaite tirer du produit. Le coût devient un objectif marketing et non pas une contrainte fixée par les achats ou la production.

La méthode japonaise du coût cible

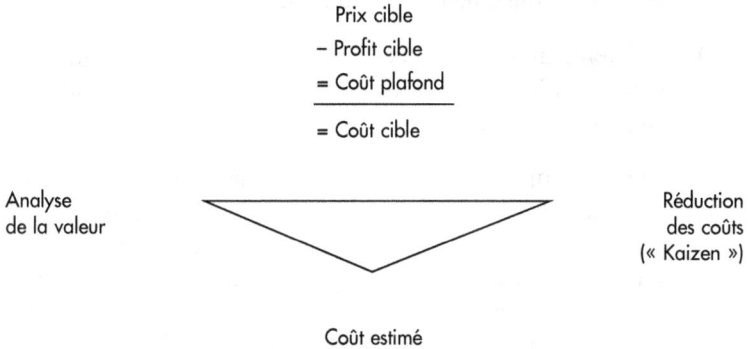

Prix cible

– Profit cible

= Coût plafond
_____

= Coût cible

Analyse
de la valeur

Réduction
des coûts
(« Kaizen »)

Coût estimé

Un management par objectifs similaire est utilisé par les Japonais au niveau de la gestion des hommes quels que soient leur niveau hiérarchique et leur position dans l'entreprise.

Les multinationales américaines pratiquent elles aussi un management organisationnel. D'ailleurs elles sont souvent les reines de la planification, des « plannings », des « process », des « project management », des « project list », des « key criteria for success » ou des « appraisal ».

Les Français « parachutés » dans des entreprises américaines sont souvent très surpris par ces méthodes très organisationnelles que l'on pourrait qualifier de « planning management ».

3. « Planning management »

L'activité économique des entreprises est devenue complexe. Mais plus encore, *l'activité humaine* des entreprises est devenue très complexe.

Dans ce contexte, la conduite des tâches exige que la nature des tâches soit totalement comprise et que les moyens pour les réaliser soient examinés en profondeur et clairement définis.

Sinon cela aura trois conséquences néfastes pour la bonne marche, l'efficacité et donc la profitabilité des entreprises.

Tout d'abord cela coûtera plus cher. Les moyens pour atteindre les objectifs et réaliser les tâches ne seront pas optimisés, et ceux choisis ne seront pas les plus économiques.

Ensuite cela prendra plus de temps. Ce bon Benjamin Franklin avait raison : « Le temps est de l'argent » (« Time is money »). Et le temps est une denrée précieuse pour la conquête des marchés : temps de conception, temps de développement, temps de production, temps pour lancer des produits, temps pour livrer, temps pour stocker, temps pour payer, etc. La course économique est aussi une course contre la montre. La réduction des délais de production, de livraison ou de paiement, par exemple, est devenue un enjeu stratégique majeur et parfois un objectif prioritaire. Et pour réduire les délais il n'y a que trois solutions possibles : accroître les risques, accroître les coûts ou mieux planifier et organiser, en pratiquant la remise en cause et la vérification systématique.

Comment réduire les délais ?

1. Accroître les risques

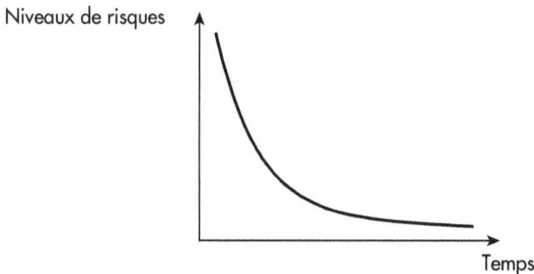

Les niveaux de risques diminuent avec la croissance du temps. En clair plus on raccourcit les délais, plus on accroît les risques. On voit bien que cette première solution n'est pas acceptable pour les entreprises. Par exemple on sait que la rapidité de mise sur le marché d'un nouveau produit est un facteur-clé de réussite des innovations. Lancer un nouveau produit après ses principaux concurrents peut être très dangereux. Mais souvent la rapidité de lancement des nouveaux produits est contradictoire avec la qualité de ces nouveaux produits : l'entreprise n'a parfois pas le temps de valider toutes les performances du nouveau produit. Lancer très rapidement un produit déficient ou de mauvaise qualité n'est pas dangereux mais tout simplement désastreux pour l'entreprise.

2. Accroître les coûts

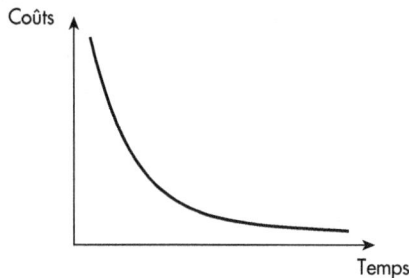

Les niveaux de coûts diminuent avec la croissance du temps. En clair plus on raccourcit les délais, plus on accroît les coûts. On ne bénéficie pas des effets d'expérience industrielle ou des effets de négociation avec les fournisseurs par exemple.

3. Planifier, organiser, vérifier

Une bonne planification permet de gagner du temps tout en diminuant les niveaux de risques et de coûts. Cette organisation du travail exige aussi une attitude de critiques constructives entre les managers et les managés. Cette attitude revêt essentiellement deux formes : la remise en cause et la vérification systématique des grandes étapes de la conduite des projets ou des missions.

Le « planning management » suppose l'élaboration de plans de travail ou plans d'action entre les managers et les managés. Les bons managers de crise sont ceux qui bâtissent les bons plans. Et inversement c'est à la qualité des plans qu'on identifie les bons managers.

Un bon plan identifie d'abord l'objectif et ensuite quels sont les moyens pour atteindre ce but, à la lumière des critères suivants : coûts, temps-délai, ressources disponibles, risques encourus, considérations politiques.

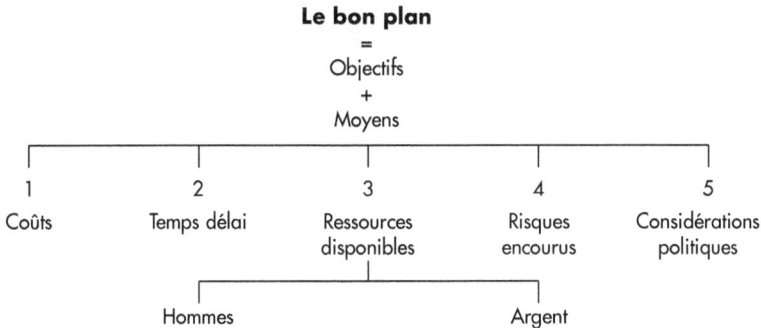

Le bon plan
=
Objectifs
+
Moyens

1	2	3	4	5
Coûts	Temps délai	Ressources disponibles	Risques encourus	Considérations politiques

Hommes   Argent

4. Les conditions à la motivation

La motivation, nous l'avons dit, est un des facteurs principaux de la croissance des entreprises.

On entend souvent les chefs dire : « Ils ne sont pas motivés ». On devrait plutôt dire : « Je n'arrive pas à les motiver ». La motivation des hommes ou des femmes n'est pas un état, mais bien le résultat des actions des managers. En clair, la motivation est un acte de management. Les individus ne sont pas motivés ou démotivés dans l'absolu.

Le XXe siècle a été le siècle des théories sur l'étude des motivations humaines. Nous savons depuis les études réalisées par Maslow, qu'il existe une hiérarchie des besoins humains. La théorie de Maslow, qui date de 1943, classe les besoins en cinq grandes catégories sous la forme d'une pyramide, dite « pyramide de Maslow » :

Les besoins supérieurs, en haut de la pyramide, ne motivent que si les besoins inférieurs sont déjà comblés : si l'on n'a rien à manger, on recherche peu le statut social. A l'inverse un besoin entièrement satisfait ne motive plus et il faut donc passer à l'étage supérieur de la pyramide.

Bien que contestée par les théories modernes, la pyramide de Maslow reste la référence des études des besoins et motivations humaines. Certains théoriciens comme Alderfer, identifient trois catégories de besoins (besoins d'existence, de sociabilité et de croissance) de même que Mc Chelland (besoins d'accomplissement, de pouvoir et d'affiliation) ; Herzberg distingue, lui, les facteurs d'hygiène des facteurs de motivation pure. Mais que les théories soient simplistes ou plus évoluées, le principe d'une hiérarchisation des besoins ne semble pas contestable.

Dans l'exercice de la vie professionnelle on peut distinguer six grands types de motivation professionnelle :

- le confort matériel (l'argent, ...) ;
- la sécurité (les structures claires, l'ordre, ...) ;
- le sentiment d'appartenance (le besoin de relations interpersonnelles, ...) ;
- le besoin de reconnaissance ;
- le pouvoir (responsabilités, contrôle des événements et des autres, ...) ;
- l'autonomie (la liberté, la réussite par soi-même, l'indépendance...).

A partir de ces six critères, on peut dresser des profils de motivation des collaborateurs.

Pyramide des besoins de Maslow

Besoins
d'accomplissement :
estime de soi, liberté

Besoins de reconnaissance :
estime des autres, respect, statut...

Besoins d'appartenance : solidarité, intégration...

Besoins de sécurité : protection contre le danger...

Besoins physiologiques : faim, soif, repos...

Profil de motivation de l'entrepreneur

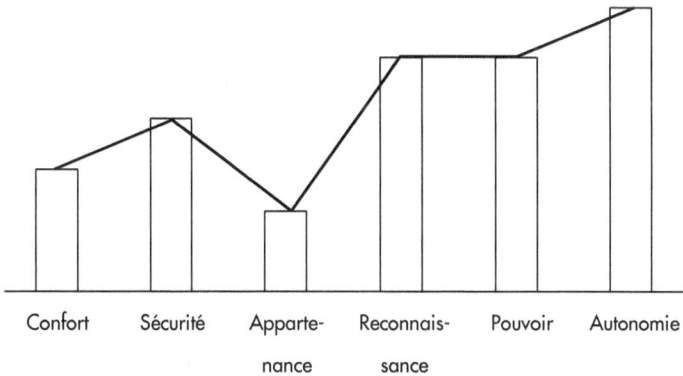

Confort   Sécurité   Apparte-   Reconnais-   Pouvoir   Autonomie
                         nance   sance

Profil de motivation d'un simple employé

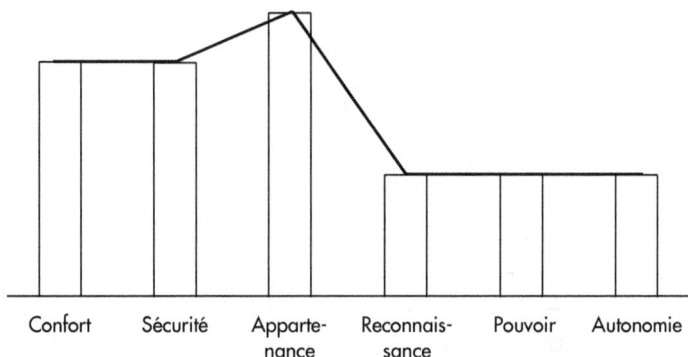

| Confort | Sécurité | Apparte-nance | Reconnais-sance | Pouvoir | Autonomie |

Il est important de noter que le profil motivationnel d'un individu n'est jamais figé mais évolue en fonction de quatre critères fortement discriminants :

- l'âge : un débutant sera forcément ambitieux et recherchera plus le pouvoir et l'autonomie que le confort et la sécurité. Ce sera l'inverse pour une personne plus âgée ;
- la situation familiale : un individu ayant trois enfants recherchera plus l'appartenance et la sécurité qu'un célibataire ;
- les origines sociales ;
- le type de fonction : un employé de banque est fortement axé sur le confort et la sécurité. Un vendeur a un besoin fort de pouvoir et d'autonomie.

Mais la connaissance des différentes motivations qui peuvent animer les managés ne constitue pas forcément un levier opérationnel pour les managers. C'est souvent le reproche essentiel que l'on fait aux théories motivationnelles : elles sont peu exploitables dans la réalité quotidienne des missions. Ce qui importe à ce niveau, c'est de connaître les conditions à la motivation des collaborateurs par rapport aux objectifs qu'on leur fixe ou aux missions qu'on leur confie.

```
┌─────────────────────────┐
│   Les besoins humains   │   →   Pyramide de Maslow
└─────────────────────────┘
           │
           ▼
┌─────────────────────────────┐
│ Les motivations professionnelles │   →   Profil motivationnel
└─────────────────────────────┘
           │
           ▼
┌─────────────────────────────┐
│  Les conditions à la motivation  │
│   par rapport aux objectifs   │
└─────────────────────────────┘
```

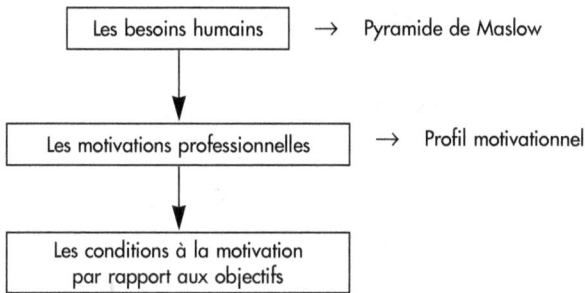

Il existe selon nous trois conditions essentielles à la motivation par rapport à des objectifs fixés : la faisabilité, la perception du lien entre l'activité et le résultat, et la perception du lien entre le résultat et les attentes conscientes ou non.

La première condition est la faisabilité, c'est-à-dire la possibilité d'atteindre l'objectif. L'objectif sera d'autant mieux atteint et la mission d'autant mieux remplie que le collaborateur se dira : « C'est possible ».

La deuxième condition est la perception et la vision du lien direct entre l'activité du ou des collaborateurs et le résultat qu'on lui ou leur demande d'atteindre. Il n'y a rien de plus démotivant que de penser que son travail est inutile.

La troisième condition est la perception du lien entre l'atteinte des résultats et les attentes du collaborateur. Les collaborateurs sont motivés par des attentes qui peuvent être soit explicites (ou conscientes) soit implicites (ou inconscientes). Par exemple un collaborateur peur souhaiter atteindre un objectif parce que c'est pour lui la promesse d'une promotion ou d'une augmentation de salaire, ce qui correspond dans ce cas à la satisfaction d'un besoin conscient. Le besoin de reconnaissance, au contraire, est très souvent une attente moins consciente qu'on a du mal à s'avouer à soi-même.

Les conditions à la motivation

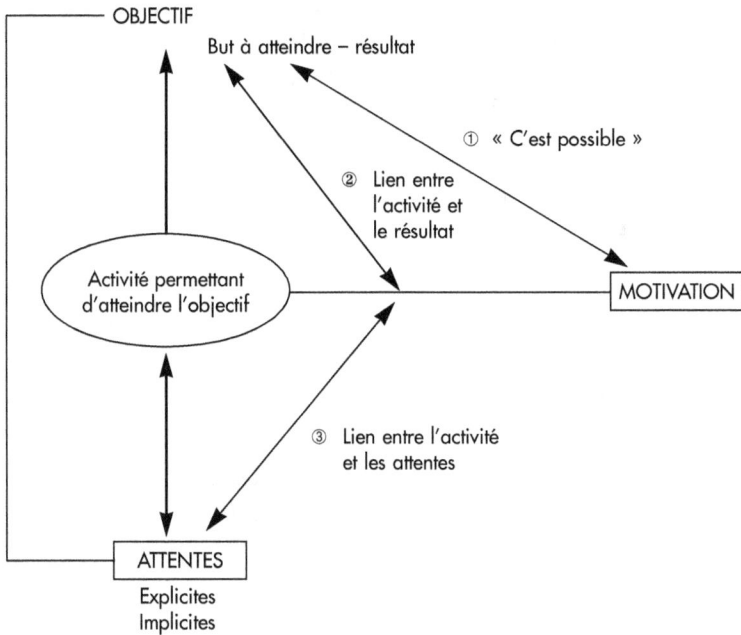

OBJECTIF

But à atteindre – résultat

① « C'est possible »

② Lien entre
l'activité et
le résultat

Activité permettant
d'atteindre l'objectif

MOTIVATION

③ Lien entre l'activité
et les attentes

ATTENTES

Explicites
Implicites

L'atteinte d'un résultat n'est pas une finalité en soi pour la plupart des individus (nous dirons que « l'amour du travail bien fait » est une denrée rare dans le milieu professionnel); ce n'est pas la satisfaction immédiate d'un besoin. L'atteinte d'un résultat est un moyen de satisfaire un besoin caché ou exprimé.

La motivation est, répétons-le, un acte de management. Manager c'est, entre autres choses, motiver.

B. MIEUX DIRIGER LES HOMMES

L'étude de la gestion des ressources humaines et de ses leviers motivationnels va nous conduire à éclairer des concepts qui, bien qu'*a priori* simples et triviaux, peuvent masquer des réalités plus complexes. Au-delà des définitions courantes et théoriques nous orienterons les définitions d'« équipe », de « chef », de « manager » et de « réussir » vers des réalités opérationnelles telles qu'elles sont vécues au sein des entreprises.

1. Qu'est-ce qui fait l'équipe ?

La notion d'équipe au sein des organisations est devenue un concept galvaudé et fait l'objet de nombreux séminaires de formation pour les cadres et leurs collaborateurs. La capacité à travailler en groupe est même devenue une compétence-clé dans l'exercice du management quotidien. Même les loups solitaires à la conquête du pouvoir doivent s'attacher à démontrer, au moins en apparence, leur aptitude à travailler en équipe. D'ailleurs, lors des entretiens, les recruteurs et les chefs, insistent beaucoup sur cette qualité à œuvrer pour et avec le collectif. Pour développer ce sens de l'équipe, certaines entreprises n'hésitent pas à envoyer leurs cadres dans des stages où on leur apprend à mettre en commun leur potentiel intellectuel – voire physique ! – soit pour résoudre des cas d'affaires soit pour escalader, au sens propre du terme, des montagnes et franchir des ravins.

Quand on demande aux cadres « qu'est-ce qui fait l'équipe ? », la plupart des réponses gravitent autour de quatre concepts : la cohésion, la communication, la motivation et systématiquement les objectifs communs. Au-delà des banalités, le partage des mêmes objectifs semble être le ciment le plus solide qui puisse lier des individus ayant des passés différents, des cultures différentes, des futurs différents et des intérêts parfois divergents.

Si l'on devait écrire une fiche sur l'esprit d'équipe, elle aurait sûrement l'allure suivante :

Esprit d'équipe

1 - Partager les mêmes objectifs.
2 - Donner le meilleur de soi-même.
3 - Communiquer.
4 - Ecouter.
5 - S'entraider.
6 - Rassembler les compétences de chacun.
7 - Miser sur les différences.

Cette fiche sur l'esprit d'équipe peut sembler idéale. Il n'en est rien. Pour avoir une équipe et créer un « esprit d'équipe » il manque dans cette liste, un élément essentiel et surtout un élément *préalable* à toute équipe : un chef. Il n'y a pas d'équipe sans chef. Il n'y a pas d'objectifs communs sans chef. C'est une vérité très souvent ignorée dans les séminaires ou les livres traitant de l'esprit d'équipe.

C'est le chef qui fait l'équipe. De tout temps et dans tous les groupes humains, il en a été ainsi. Que ce soit dans les grandes armées, les petits commandos, les grandes entreprises, les tribus, les équipes de rugby, les équipes de Coupe Davis ou les orchestres. Les grandes équipes ont par ailleurs un grand chef et les grands chefs font les grandes équipes. Il en est ainsi. Les groupes humains ont besoin d'un chef. Assener cette vérité, ce n'est en aucun cas prôner une quelconque doctrine autoritariste ou dictatoriale. Loin de nous cette pensée. Quelle que soit l'autorité qu'aura cette personne, quelle que soit la forme que cette autorité revêtira et quel que soit le mode d'investiture de cette autorité, le chef, au minimum, est celui qui fixe le cap, qui montre la direction à suivre ou qui fixe les objectifs.

A cet égard nous recommandons aux lecteurs de regarder un film de Federico Fellini : *La Répétition d'Orchestre*. Ce film assez méconnu du grand public permet d'illustrer en séminaire la nécessité d'avoir un chef (ici un chef d'orchestre) et d'avoir des objectifs partagés (ici une partition) pour construire une équipe. Ce film, pour lequel Fellini fut vivement critiqué, raconte comment un orchestre en répétition dans une église, se désagrège au fur et à mesure que le chef d'orchestre perd de son autorité. On a reproché à Fellini d'avoir voulu transmettre un message fasciste. En fait le maître italien a surtout voulu montrer que toute société, même les sociétés les plus démocratiques, a besoin d'être dirigée et a surtout besoin d'une loi. La loi dans *La Répétition d'Orchestre* est symbolisée par la partition des notes de musique. D'ailleurs à la fin du film, après avoir perdu tout contrôle et toute autorité sur son orchestre, le chef réussit à rétablir l'ordre et à faire sortir du chaos l'équipe en se raccrochant au livret et en disant : « Et maintenant il faut suivre les notes de musique ». Cette leçon de civilisation peut être méditée par tous les managers d'entreprise : en dernier lieu, dans les périodes de grandes difficultés, voire quand tout va mal, il faut toujours se raccrocher aux objectifs. A condition évidemment que ceux-ci aient été bien fixés et partagés au préalable.

« Ni Dieu, ni maître » proclament les anarchistes. Il n'y a pas d'exemples historiques de sociétés ayant fonctionné sur cet axiome. Il semble aussi impossible de faire fonctionner une entreprise sur ce schéma-là, c'est-à-dire sans chef ou sans une autorité ultime et décisionnaire placée au sommet de l'organisation, même si celle-ci, donne une place prépondérante à la participation, à la négociation contractuelle et au consensus. Les civilisations sans chef ne durent pas. Ce n'est pas un principe fasciste – ce qui serait tout à fait détestable –; c'est une réalité de la vie en communauté. Même les démocraties les plus avancées et les plus libres ont pour ainsi dire obligation d'élire et de désigner un chef d'Etat et des instances auxquelles l'ensemble des individus délèguent le pouvoir et les responsabilités. Le système qui régit les entreprises est moins démocratique puisque le chef d'entreprise n'est pas élu par les salariés.

Le meilleur bateau et les meilleurs marins ne sont rien s'ils sont pilotés par le plus mauvais des capitaines. Les meilleurs collaborateurs seront en difficulté s'ils sont dirigés par le plus mauvais des chefs d'entreprise.

Avant le partage des objectifs, c'est donc le chef qui fait l'équipe.

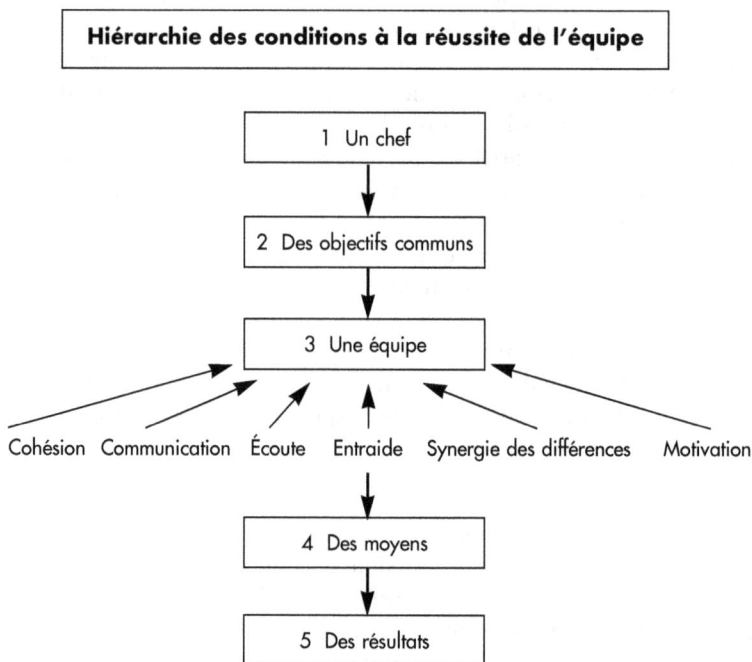

Hiérarchie des conditions à la réussite de l'équipe

1 Un chef

2 Des objectifs communs

3 Une équipe

Cohésion   Communication   Écoute   Entraide   Synergie des différences   Motivation

4 Des moyens

5 Des résultats

Cette séquence n'est pas *a priori* si évidente. Elle veut seulement démontrer que l'atteinte des résultats dépend en amont de la fixation préalable des objectifs communs et donc du chef.

2. Qu'est-ce qui « fait » un chef ?

La réussite de l'équipe dépend donc beaucoup des compétences managériales de celui qui la dirige. La qualité du chef est une condition *sine qua non* à la réussite des entreprises et des projets.

Même quand les objectifs sont bien fixés et bien partagés, il faut quelqu'un pour les contrôler, les suivre, les évaluer et les orchestrer. La fixation et la gestion des objectifs sont les missions principales du chef. Ce sont aussi ses prérogatives.

Un chef ce n'est pas seulement quelqu'un qui recrute, forme, développe, motive ou délègue. On parle souvent un peu trop des qualités de leadership psychologiques et du charisme du chef, et pas assez de ses qualités organisationnelles.

Aux qualités suivantes :
- intelligence ;
- jugement ;
- leadership ;
- aptitude à décider ;
- aptitude à déléguer ;
- aptitude à choisir des collaborateurs ;
- réalisme ;
- ténacité ;
- sens du futur et imagination ;
- aptitude à travailler en équipe.

Il faut avant tout mettre en avant les capacités d'organisation et les aptitudes à fixer les bons objectifs et à les atteindre.

Un chef c'est aussi quelqu'un qui sait prévoir, résoudre des problèmes et prendre des décisions efficaces pour *organiser* et conduire les hommes. Un chef c'est aussi un :

ORGANISATEUR

PLANIFICATEUR

CONTRÔLEUR

Dans les entreprises françaises on insiste sans doute trop sur le profil psychologique du chef et pas assez sur son profil organisationnel. Or selon nous, les qualités *d'organisation* sont absolument nécessaires et prioritaires, pas suffisantes mais nécessaires.

A la forme (« le savoir-vendre », le « leadership », « le charisme »...) doit venir en complément préalable le fond (« organiser », « fixer les objectifs »...). Et n'oublions pas que « la forme c'est le fond qui remonte à la surface ». Par exemple le charisme du chef ne peut s'exprimer pleinement que si le chef a bien organisé et bien fixé les objectifs des collaborateurs. L'expérience montre par ailleurs que de bonnes qualités organisationnelles peuvent compenser en partie des faiblesses en qualités relationnelles. Le contraire n'est pas vrai. Par exemple, un leader charismatique pourra être apprécié de ses équipes mais n'atteindra pas de bons résultats s'il ne sait pas gérer les priorités et gérer le temps pour réaliser les projets.

Or le bon chef n'est pas forcément celui qui est « aimé » de son équipe, mais celui *qui fait atteindre les objectifs*. Un directeur anglais des ressources humaines d'une grande multinationale à la question : « Qu'est-ce qu'un bon chef ? », a l'habitude de répondre : « Celui qui atteint ses objectifs ». Cette définition du bon chef peut paraître simpliste ou réductrice. Elle traduit seulement la nécessité pour le chef et les entreprises, surtout en période de crise, de ne jamais perdre de vue les objectifs à atteindre. Cette définition peut en outre être lue de deux points de vue différents.

Vis-à-vis de sa hiérarchie, le bon chef est « celui qui atteint ses objectifs » : par exemple le P-DG vis-à-vis de son Conseil d'Administration, le vendeur vis-à-vis de son chef des ventes, etc.

Vis-à-vis de ses collaborateurs, le bon chef est celui qui fixe les objectifs, qui les contrôle et qui les fait atteindre. Un chef est donc jugé sur l'atteinte ou non de ses objectifs et juge ses collaborateurs sur l'atteinte ou non de leurs objectifs.

Le chef est celui qui s'occupe de la tâche à accomplir, de *l'objectif* (« the what ? » : le quoi ?) et de la méthode ou *des moyens* pour atteindre l'objectif (« the how ? » : le comment ?).

3. Qu'est-ce que « manager » ?

D'après l'AMA (American Management Association), manager c'est :

« Canaliser des ressources humaines et matérielles dans des unités organisées et dynamiques. D'une part pour atteindre leurs objectifs à la satisfaction de ceux pour qui le travail se fait, d'autre part en visant au meilleur moral possible chez les exécutants ».

Quant à P. Drucker il écrit dans *L'Efficacité, objectif n° 1 des cadres**, « Tout ce qu'ils (les cadres efficaces) ont en commun c'est l'aptitude à faire faire ce qui doit être fait ».

Encore une fois, on ne peut qu'insister sur la nécessité de l'atteinte des objectifs.

---

* Les Éditions d'Organisation (épuisé).

Des objectifs aux résultats

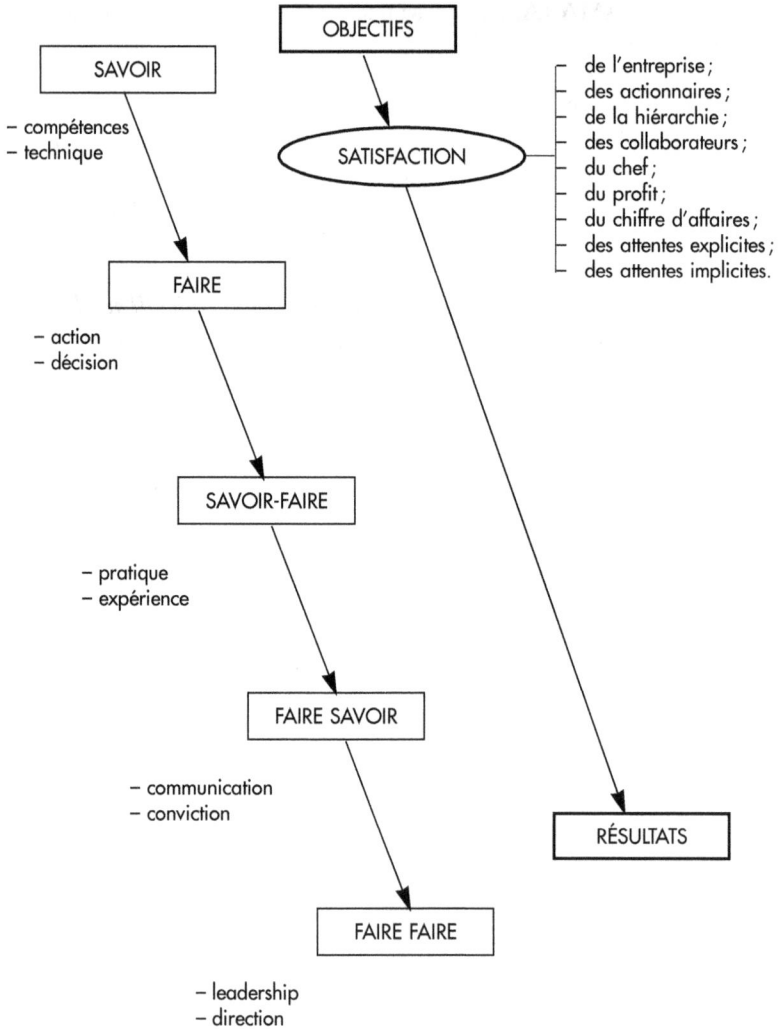

```
                        ┌──────────────┐
                        │  OBJECTIFS   │
                        └──────────────┘
                               │
                               ▼
  ┌──────────────┐        ╭─────────────╮        ─ de l'entreprise ;
  │   SAVOIR     │        │ SATISFACTION │       ─ des actionnaires ;
  └──────────────┘        ╰─────────────╯        ─ de la hiérarchie ;
                                                 ─ des collaborateurs ;
  ─ compétences                                  ─ du chef ;
  ─ technique                                    ─ du profit ;
                                                 ─ du chiffre d'affaires ;
        │                                        ─ des attentes explicites ;
        ▼                                        ─ des attentes implicites.
  ┌──────────────┐
  │    FAIRE     │
  └──────────────┘

  ─ action
  ─ décision

  ┌──────────────┐
  │ SAVOIR-FAIRE │
  └──────────────┘

  ─ pratique
  ─ expérience

  ┌──────────────┐
  │ FAIRE SAVOIR │
  └──────────────┘                         ┌──────────────┐
                                           │  RÉSULTATS   │
  ─ communication                          └──────────────┘
  ─ conviction

  ┌──────────────┐
  │ FAIRE FAIRE  │
  └──────────────┘

  ─ leadership
  ─ direction
```

4. Qu'est-ce que réussir ?

Selon nous la « réussite » d'un manager ou d'un managé au sein d'une entreprise peut se mesurer assez facilement et assez objectivement : réussit celui qui atteint les objectifs qu'on lui a fixés. Gagner c'est donc atteindre ses objectifs, qu'ils soient quantitatifs ou qualitatifs.

Ce critère de mesure de la réussite pourra sembler étrangement froid pour bon nombre d'entreprises françaises, et cependant, au bout du compte, il ne faut jamais oublier qu'il n'y a que le résultat qui compte.

Le système économique français est encore assez éloigné de ce système qui privilégie les résultats atteints en lieu et place des diplômes ou des origines professionnelles. Il faut dire que le système économique français est unique et donne la part trop belle aux Grandes Ecoles et plus encore aux dirigeants issus des Grands Corps d'Etat. Le capitalisme français est en fait un « capitalisme étatique ». Le poids des dirigeants fonctionnaires issus de l'Administration est un phénomène spécifiquement français. Ce mode de fabrication des élites, trop homogène et trop rigide est dénoncé depuis longtemps comme un des grands maux français du monde de l'entreprise. En outre cette concentration du pouvoir entrepreneurial entre les mains de dirigeants issus des grands corps d'Etat ne cesse de se renforcer.

Les conséquences de ce poids démesuré de la caste d'Etat, unique en Europe et dans le monde, sont inquiétantes sur le plan de l'efficacité économique et de la motivation des collaborateurs :

– le système est démotivant pour les autres salariés qui, n'étant pas issus des grands corps d'Etat, savent qu'ils seront bloqués à un moment de leur carrière ;
– le mode de sélection permet à des dirigeants inefficaces ou inadaptés à la situation de se maintenir au sommet de grands groupes sans être comptables des résultats de croissance et de profit ;

- les dirigeants pratiquent plus la croissance externe (fusions, rachats, restructurations, etc.) que la croissance interne. Or la croissance externe tue l'emploi ;
- le système nuit à l'esprit d'entreprise et à la prise de risque. Il n'y a pas de réelle concurrence entre ces dirigeants et pas de vraies ambitions pour les entreprises dirigées ;
- les entreprises françaises se privent, en maintenant un cercle de dirigeants aussi fermé et restreint, de compétences nouvelles et d'autres façons de penser.

Or les carrières devraient se faire sur des critères plus « justes ». Le jugement porté sur les hommes et les femmes d'entreprise, que celle-ci soit publique, ou privée, devrait se faire par rapport aux résultats obtenus et non par rapport aux années passées à l'ENA ou dans les cabinets ministériels. On sait d'ailleurs que les dirigeants issus des Grands Corps d'Etat sont peu comptables des résultats des entreprises qu'ils dirigent. S'ils échouent à la tête d'un grand groupe, ils se voient néanmoins proposer des postes similaires à la tête d'un autre grand groupe, sans qu'ils aient à expliquer la baisse du chiffre d'affaires et des profits. Cette situation de quasi-rente à vie est impensable dans les pays anglo-saxons ou aux Etats-Unis en particulier. Un dirigeant américain qui laisserait derrière lui des objectifs non atteints à la tête d'une grande entreprise aura du mal à se « recaser » à un poste similaire. Un peu comme un candidat ayant perdu une élection à la Maison-Blanche ne pourra jamais se représenter avec des chances de victoire.

Le bon baromètre de la qualité d'un manager est sa capacité à atteindre les objectifs qu'on lui a fixés. Dans les entretiens de recrutement, par exemple, nous conseillons de centrer les questions posées sur l'atteinte des objectifs dans les postes occupés précédemment par le candidat. Les questions suivantes permettent d'identifier les « gagnants » des « perdants » :

- Vous a-t-on fixé des objectifs dans votre poste actuel ?
- Quels sont ces objectifs ? Quels sont vos trois principaux objectifs de l'année en cours ?

Et surtout les questions suivantes :

- Comment vous situez-vous à ce jour par rapport à ces objectifs ?
- Allez-vous atteindre ces objectifs cette année ?
- Si oui pourquoi et comment ?
- Si non pourquoi et comment ? Quel plan d'actions comptez-vous mettre en œuvre pour atteindre ces objectifs ?

L'expérience montre que la plupart des interviewés, même des cadres confirmés, sont souvent incapables de répondre à ces questions ; soit parce qu'ils n'ont pas d'objectifs et remplissent leur mission sans critères d'évaluation précis, soit parce qu'il n'y a pas de suivi de ces objectifs. Ou bien tout simplement parce que les objectifs ne sont pas atteints et que les candidats cherchent à noyer le poisson ou à trouver des excuses, sans expliquer les actions correctrices qu'ils n'ont pas prises pour rectifier leurs résultats actuels.

Quand il s'agit d'un manager qui n'a pas lui-même d'objectifs fixés, il faut demander à ce manager comment il fait pour fixer, négocier et évaluer les objectifs de ses principaux collaborateurs grâce aux questions suivantes :

- Fixez-vous des objectifs à vos collaborateurs ?
- Quels sont les trois principaux objectifs de chacun de vos principaux collaborateurs ?
- Comment se situent vos collaborateurs à ce jour par rapport à ces objectifs ?
- Vont-ils tous atteindre leurs objectifs ?
- Si oui pourquoi et comment ?
- Si non pourquoi et comment ? Que comptez-vous faire ? Quelles mesures allez-vous prendre ?

L'atteinte des résultats est donc une obligation, quels que soient les types de résultats attendus : profit, chiffre d'affaires, part de marché, unités produites, niveau de qualité, zéro défaut, qualité du service client, etc.

5. Entreprise et Objectifs

L'entreprise elle-même, en tant qu'entité organisée doit avoir des objectifs clairs, simples et peu nombreux.

Nous avons cité précédemment le film de Fellini *La Répétition d'Orchestre*. Le parallèle entre le fonctionnement d'un orchestre et la vie des entreprises nous paraît très pertinent.

La partition est à l'orchestre ce que les objectifs sont à l'entreprise ; le musicien est le pendant de l'équipe d'hommes et de femmes qui composent l'entreprise ; le chef d'orchestre est quant à lui l'équivalent du chef d'entreprise.

Orchestre	Entreprise
Partition	Objectifs
Musiciens	Equipes
Chef d'orchestre	Chef d'entreprise

Toute entreprise et toute organisation, se doivent, pour exister et ensuite pour se développer, d'avoir un ou plusieurs objectifs sur lesquels l'ensemble des individus se référeront pour accomplir leur propre mission.

La situation économique actuelle rend difficile le métier de manager et impose un management des ressources humaines encore plus rigoureux au sein des entreprises.

Tout d'abord la complexité de la gestion des entreprises s'accroît. Ensuite la faible croissance économique et la pression du chômage font que les managers et que les managés vivent dans un sentiment d'insécurité plus intense que dans les années de croissance.

Dans ce contexte le rôle du manager sera de plus en plus de fixer un cadre de travail clair et précis et surtout équitable et motivant.

Loin d'être un outil de pression, les objectifs attribués aussi bien à l'ensemble de l'entreprise qu'à tous les individus, qu'ils soient managers ou qu'ils soient managés, doivent servir l'atteinte des résultats en augmentant la motivation, l'objectivité et donc la sérénité de tous au sein des organisations.

Les objectifs deviennent ainsi la partition de l'entreprise.

Deuxième partie

_____

MANAGEMENT ET MOTIVATION PAR LES OBJECTIFS : LES FONDEMENTS STRATÉGIQUES

1

UN ACTE
DE MANAGEMENT

« Quand un chien vous aide à passer le fleuve,
vous ne vous demandez pas s'il a la gale. »
Proverbe arabe

La fixation, la négociation et l'évaluation des objectifs individuels et collectifs ne sont pas un simple artifice de préoccupation portée aux ressources humaines ou un rituel annuel qu'on s'impose pour sembler donner un peu d'objectivité à la gestion des hommes. Au contraire le management par objectifs, quand il est bien développé et pratiqué, constitue un réel acte de management, fondateur des réussites et des profits de l'entreprise.

A. CE QU'EST LE MANAGEMENT PAR OBJECTIFS

Le management par objectifs consiste à période régulière, à fixer, négocier, suivre et évaluer les objectifs de chacun au sein de l'entreprise, en vue d'atteindre les objectifs globaux de l'entreprise et de satisfaire les besoins de tous.

Les objectifs de chaque individu doivent contribuer aux objectifs principaux de l'entreprise. Un bon management par objectifs est donc un puissant facteur de cohésion interne.

C'est aussi un bon vecteur de motivation interne car il donne un sens au travail et aux missions de chacun, quel que soit le niveau hiérarchique.

B. CE QUE N'EST PAS LE MANAGEMENT PAR OBJECTIFS

Le Management et la motivation par objectifs ne doivent pas être un outil de contrôle coercitif ou répressif au seul service de la hiérarchie. Au contraire en période trouble et difficile pour l'entreprise, il doit servir à clarifier les situations, à faire prendre conscience des enjeux et surtout de l'utilité de tous au sein de l'organisation. En ce sens, il est valorisant pour les individus de se sentir responsables et comptables de missions clairement définies. Une bonne utilisation des objectifs, contrairement aux idées reçues, doit instaurer plus de sérénité et doit diminuer le niveau de stress individuel, et donc accroître l'efficacité individuelle et collective. En effet les individus sont plus efficaces quand ils savent clairement ce qu'ils doivent faire, quand ils savent à quoi sert ce qu'ils font et quand ils savent que ce qu'ils font contribue aux résultats d'ensemble de l'entreprise.

EFFICACITÉ DANS UNE MISSION

=

CLARTÉ DE LA MISSION
(moyens définis, délais fixés, résultats attendus, etc.)

+

PERCEPTION DES BUTS DE LA MISSION
(accroître le CA, améliorer le service client, améliorer l'accueil, etc.)

+

UTILITÉ DE LA MISSION
(la mission contribue au résultat d'ensemble)

Le management par objectifs doit aussi contribuer à la diminution des conflits ou des tensions au sein des équipes de l'entreprise. Il doit éviter les tâches inutiles, souvent génératrices de frustration, ou les recouvrements ou les doublons sur les mêmes tâches, souvent générateurs de conflits.

En aucun cas le management et la motivation par les objectifs ne doivent être un outil de stress, surtout en période de crise et de non-croissance. Le management par objectifs des années 70 n'a plus sa place dans les années actuelles. La pression sur l'enjeu n'est plus la solution. Le bon management par objectifs intègre à la fois les objectifs à atteindre (le quoi) et les moyens ou la méthode pour atteindre ces objectifs (le comment). Il faut autant insister sur le *quoi* que sur le *comment*. Dans certains cas la méthode pour atteindre le résultat est même plus importante que la définition du résultat proprement dit. Trop d'enjeu tue l'enjeu. Mais attention, la méthode ne suffit pas, une organisation ou un manager ne doivent jamais perdre de vue l'essentiel : les objectifs à atteindre.

Ce que nous souhaitons ici, c'est substituer à un management purement fondé sur les objectifs et l'enjeu, un management et une motivation fondés sur les objectifs et la méthode. On pourrait presque parler de MPOM : Management par les Objectifs et la Méthode. Le rôle du manager est toujours double : montrer quel est le but et dire comment l'atteindre (leader et pédagogue en quelque sorte).

C. MOUVEMENTS ET CONTRAINTES

Un manager qui pratique un management par les objectifs et la méthode est un générateur de mouvements et de contraintes. Il crée l'énergie, c'est-à-dire le mouvement, pour faire avancer les projets et animer les équipes. Mais son management par la méthode fait aussi de lui un accompagnateur et parfois un contrôleur qui fixe des contraintes.

Il y a deux sortes de contraintes :

– les contraintes motrices stimulent les mouvements, créent de l'énergie et incitent les collaborateurs à atteindre les résultats et à donner le meilleur de leur potentiel et de leurs compétences. Nous verrons que les objectifs SMAC font partie des contraintes motrices ;

– les contraintes inhibitrices freinent les mouvements et sont parfois démotivantes pour les collaborateurs. Des règles de fonctionnement trop dures, un management trop autoritaire ou des procédures formelles tatillonnes font partie de ces contraintes.

Au-delà d'un certain seuil, les contraintes motrices peuvent devenir des contraintes inhibitrices. Ce seuil s'appelle le seuil d'instabilité. Le manager doit donc s'attacher à élever le seuil d'instabilité de ses équipes et de ses collaborateurs, c'est-à-dire élever le seuil à partir duquel les contraintes, au lieu de créer du mouvement, freinent et inhibent les collaborateurs.

Le seuil d'instabilité

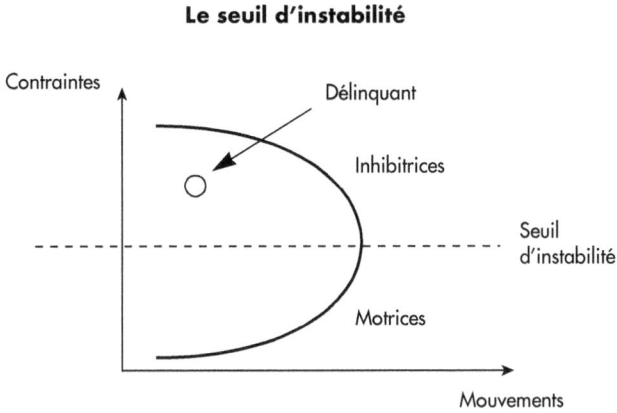

Trois facteurs permettront d'élever le seuil d'instabilité et de créer de l'énergie positive dans l'équipe de collaborateurs :

– le sens (« je sais à quoi je sers ») ;

– la formation (« j'apprends et je m'améliore ») ;

– la reconnaissance (« j'agis et je suis reconnu »).

A ces trois facteurs, il convient d'ajouter, assez paradoxalement d'ailleurs, deux phénomènes naturels : la vieillesse et la fatigue.

D. LES AVANTAGES DU MANAGEMENT PAR LES OBJECTIFS

Nous n'insisterons pas encore sur chacun des avantages d'un management motivationnel par les objectifs et la méthode. Nous rappellerons seulement les principales notions mentionnées dans les chapitres précédents.

Responsabilité individuelle et collective

Chaque individu a une mission précise à remplir au service de l'entreprise et donc de tous.

Cohésion

Chaque individu, bien que responsable individuellement, est dépendant aussi des autres.

Cohérence

Un bon management des ressources humaines doit éliminer les contradictions, les conflits ou les tensions.

Motivation

La connaissance précise que chacun a de sa mission et de ses objectifs est motivante.

Efficacité

Les individus et les équipes peuvent se concentrer sur l'essentiel, le résultat à atteindre, avec des moyens qui leur sont clairement définis.

Sérénité

Un bon management par les objectifs et la méthode diminue la confusion et le stress.

E. *LES LIMITES DU MANAGEMENT PAR LES OBJECTIFS*

Loin de nous l'idée qu'il puisse exister de solutions miracles aux problèmes de toutes les entreprises et à la crise économique. Nous pensons au contraire que pour lutter contre le chômage et pour relancer la croissance il ne peut y avoir ni de remèdes miracles, ni de dogmatisme politique. Au contraire, il ne peut y avoir qu'un ensemble de solutions, souvent petites, toujours pragmatiques. Le management et la motivation par les objectifs et la méthode peuvent aider les entreprises s'ils sont évidemment bien pratiqués et bien expliqués. Et surtout s'ils restent une méthode opérationnelle, flexible et adaptable à chaque entreprise.

Le risque est de tomber dans une rigidité paralysante quand on applique une telle méthode de management dans une entreprise. Il ne faut pas édifier un système trop complexe ou une véritable usine à gaz bureaucratique.

Le management par les objectifs exige du temps et un formalisme minimal qui peut hélas tomber dans la bureaucratie et la paperasserie. Il doit aussi être jugé utile par tous et non pas vécu comme une contrainte annuelle qui fait perdre du temps et de l'énergie plus qu'il n'en fait gagner.

La frontière entre l'efficacité d'un tel management et son caractère bureaucratique est toujours difficile à fixer.

2 QU'EST-CE QU'UN OBJECTIF ?

> « *Toutes les époques réactionnaires de décomposition sont subjectives, mais par contre toutes les époques de progrès ont une direction objective.* »
> Goethe

L'expérience montre que les managers éprouvent souvent des difficultés à fixer des objectifs parce qu'ils ne savent pas ce qu'est un objectif. Ils confondent objectif avec vision, stratégie ou moyen.

A. NE PAS CONFONDRE OBJECTIF ET VISION

La plupart des entreprises ont l'habitude de fixer des objectifs d'ensemble pour leur activité annuelle ou quinquennale. On retrouve ces objectifs dans les plans annuels ou à cinq ans, et la plupart du temps dans les rapports d'activité présentés aux actionnaires.

Certaines définissent pour le long terme ce que l'on appelle une vision ou un projet d'entreprise (les Anglo-Saxons définissent la « mission statement »).

La vision ou le projet d'entreprise dépassent largement les objectifs annuels ou pluriannuels qui servent de baromètre à l'activité de l'entreprise sur la période concernée. Le projet d'entreprise est la vision du futur de l'entreprise. Les objectifs d'une entreprise varient toutes les périodes de référence. La vision d'entreprise, elle, s'inscrit dans la durée. La vision est pérenne parce qu'elle doit servir la pérennité de l'entreprise. Un projet d'entreprise peut bien sûr être exceptionnellement modifié mais est toujours plus durable que des objectifs pluriannuels.

1. Le but de la « vision d'entreprise »

La vision (ou le projet d'entreprise) a pour but de donner ou de redonner aux collaborateurs une vision de l'avenir de l'entreprise et de leur propre avenir au sein de l'entreprise.

2. Pourquoi un projet d'entreprise ?

Parce que la fixation des objectifs est une condition nécessaire mais non suffisante à la réussite des entreprises.

En effet, en phase d'hyperconcurrence la définition unique d'objectifs ne suffit plus à mobiliser les collaborateurs. Ces derniers ont aussi besoin de savoir où ils vont et où va l'entreprise pour laquelle ils passent le plus clair de leur temps. Les interrogations sur le futur sont le propre de l'homme. Les réponses à y apporter sont fondamentales et doivent être fournies par les managers et plus encore par les dirigeants. Le projet d'entreprise « encapsule » ces réponses. Il doit être concis et clair. On rapporte que le Président de Nestlé, entreprise suisse qui possède une stratégie long terme et qui « a positivement le temps » a un projet d'entreprise simple, presque provocateur : « To feed the planet » (nourrir la planète). Cet exemple est sans doute plus anecdotique que réel, il peut expliquer en tout cas le nombre important de rachats effectués par Nestlé sur tous les marchés alimentaires dans tous les pays du monde.

Certains grands groupes multinationaux, à la structure familiale, ont pour projet « d'assurer la pérennité d'un business familial ». Les objectifs fixés doivent être au service de ce projet fondé sur l'indépendance et doivent donc tenir compte de la nécessité de garder un faible niveau d'endettement, d'assurer une croissance interne et de ne pas faire appel aux marchés boursiers ou bancaires.

Motorola a compris avant tous les autres que la mobilité serait une donnée-clé du futur des télécommunications. L'entreprise a mis plus de vingt ans pour conceptualiser, concevoir, développer et imposer son « pager ». Elle a d'abord défini le concept et sa vision du futur avant de finaliser par touches successives le produit « pager ». Pour y arriver Motorola a dû concentrer ses efforts et ses objectifs pluriannuels sur des activités qui sortaient du champ classique des télécommunications : miniaturisation des batteries, apprivoisement du stockage de l'énergie, énergie des piles, semi-conducteurs, etc. Sans vision long terme du futur, Motorola ne serait pas devenu aujourd'hui un des leaders des fabricants de matériel de télécommunications mobiles.

De même, dans un autre domaine, l'objectif fixé par les Américains « d'être les premiers à marcher sur la lune », après le lancement réussi par les soviétiques du « premier homme en orbite », s'est avant tout nourri d'une vision politique et non pas d'objectifs technologiques. L'« objectif lune » n'était sans aucun doute qu'un alibi au service d'une vision politique tendant à démontrer, au cœur de la « guerre froide », la supériorité du système capitaliste sur le communisme et la suprématie des Etats-Unis sur l'URSS.

3. Comment définir un projet d'entreprise ?

La définition d'un projet d'entreprise n'est pas un processus démocratique, participatif ou consensuel. Autant, nous le verrons, la définition des objectifs, et en tout cas des moyens, peut faire appel à la participation et à l'implication du plus grand nombre, autant la vision d'entreprise doit être fixée par les dirigeants, voire *le* dirigeant de l'entreprise.

En fait, le projet d'entreprise est avant tout le projet de l'entre-preneur. Globalement et de manière simplifiée on peut dire que le projet d'entreprise se définit selon quatre axes :

- économique ;
- humain ;
- social ;
- environnemental.

A l'origine, la FNAC était fortement influencée par une vision presque mutualiste du développement du savoir. Peu à peu, l'axe économique a pris le dessus, ce qui est normal puisque la FNAC intégrée désormais dans le groupe Pinault, a pour vocation avant tout de dégager des bénéfices. Néanmoins on retrouve dans les slogans publicitaires et dans la profondeur de l'assortiment en magasin cette volonté de mettre le savoir à la portée du plus grand nombre, même si on a oublié la signification des initiales FNAC (Fédération Nationale d'Achat des Cadres). Les rachats ou les fusions d'entreprises mettent fréquemment en péril les visions initiales et viennent souvent remplacer les axes sociaux, humains et environnants par une seule logique économique. Certaines entreprises y survivent même en y perdant leur âme, d'autres y succombent car elles y laissent le souffle et l'énergie qui consti-tuaient leur moteur de croissance.

Leclerc a bâti un empire dans la grande distribution avec sans doute une vision quasi religieuse de la « vie moins chère » et des « prix bas ». Pour le fondateur de l'empire Leclerc, la lutte contre les prix élevés est presque une vocation religieuse. Le combat que mène l'enseigne Leclerc contre tous les monopoles ne trouve pas ses fondements seulement sur le plan économique.

Enfin, à une autre échelle, l'essor puis la conquête par les entreprises japonaises d'un grand nombre de marchés mondiaux ont été incontestablement sous-tendus par un certain esprit de revanche sur le monde occidental au plan économique.

Mais si les entreprises ont besoin d'un projet long terme ou d'une vision claire de l'avenir, on ne peut diriger une société et manager des hommes en référence à ce seul projet. Pour cela il faut descendre d'un étage et repasser à la fixation d'objectifs périodiques.

B. NE PAS CONFONDRE OBJECTIFS ET STRATÉGIE

Les objectifs de l'entreprise constituent les buts et les résultats à atteindre pour l'ensemble des collaborateurs. Les objectifs individuels qui découlent de ces objectifs d'ensemble, sont les résultats à atteindre par chacun des collaborateurs pris individuellement.

La stratégie (ou les stratégies) à un niveau inférieur, constituent l'ensemble de la politique (ou des politiques) mise en œuvre pour atteindre ces objectifs. Nous verrons plus loin qu'il ne faut pas confondre la stratégie avec les moyens.

La stratégie est le niveau intermédiaire entre les moyens et les objectifs. L'art de la stratégie se résume souvent à l'art de choisir entre plusieurs scénarios et politiques. Par exemple si l'objectif d'une entreprise est de devenir leader sur le marché des accessoires pour auto, elle peut avoir au moins deux stratégies pour atteindre cet objectif : racheter un concurrent ou lancer des produits en investissant sur ses ressources internes.

Pour un produit de grande consommation, si l'objectif est de gagner des parts de marché sur un produit existant, il peut y avoir une stratégie de pénétration du marché (gagner des nouveaux acheteurs) ou une stratégie de fidélisation (augmenter les quantités achetées par les nouveaux acheteurs). L'entreprise peut avoir aussi une double stratégie qui consiste à augmenter à la fois la pénétration et la fidélisation. Mais très souvent elle sera confrontée à une pénurie de moyens financiers, techniques ou humains. La stratégie c'est donc souvent faire de bons choix ou gérer des ressources limitées.

Un manager allemand d'un grand groupe international, sûrement en référence à Carl von Clausewitz, affirme que la « stratégie c'est l'art de faire la guerre sur les cartes ».

De manière plus explicite, nous dirons que la stratégie consiste, pour atteindre les objectifs de l'entreprise, à choisir, gérer et mettre en œuvre les ressources de l'entreprise en vue de conquérir des marchés tout en tenant compte des moyens dont on dispose dans un cadre politique défini.

C. NE PAS CONFONDRE OBJECTIFS ET MOYENS

La différence entre objectifs et moyens peut sembler évidente à tous. Néanmoins, la mise en pratique de cette différence est la base même du management par les objectifs et la méthode des ressources humaines d'une entreprise.

Aller à Marseille est un objectif. Prendre le train, l'avion ou la voiture sont trois moyens. Si la stratégie consistait à prendre le plus rapide, l'avion est le moyen le plus adapté. Si la stratégie consistait à prendre le moins cher, le train devra être choisi comme moyen. Si la stratégie recherchée est la flexibilité, il faudra privilégier la voiture.

Accroître la part de marché d'un nouveau produit de X % est un objectif. Augmenter sa pénétration, c'est à-dire conquérir de nouveaux consommateurs, est une des stratégies possibles pour atteindre cet objectif. Faire de l'échantillonnage en magasin, augmenter les dépenses publicitaires pour accroître la notoriété, proposer un petit format promotionnel, sont trois moyens qui correspondent à cette stratégie de pénétration. Une autre stratégie possible pour atteindre le même objectif peut consister à augmenter la fidélité, c'est-à-dire les quantités achetées par les acheteurs existants. Proposer des lots de produits groupés dont un gratuit, offrir des bons de réduction, proposer un grand format, sont les moyens adaptés à cette stratégie de fidélisation.

La définition des moyens sera étudiée dans le cinquième chapitre de la troisième partie.

Sous le vocable moyen, on peut regrouper en fait trois réalités :

- les conditions de travail :
  - par exemple pour un vendeur, la localisation du secteur de vente, la clientèle, la rémunération, la voiture, le bureau, le téléphone, etc.,
  - pour une secrétaire, le bureau, la rémunération, les horaires de travail, etc. ;
- les moyens de travail proprement dits :
  - pour un vendeur, les documentations diverses, les quotas, les conditions de vente, les échantillons, les budgets, etc.,
  - pour une secrétaire, les matériels informatiques, les logiciels, la bureautique, le recours à la sous-traitance, la mise à disposition de coursiers internes, etc. ;
- les méthodes de travail :
  - pour un vendeur, les documents administratifs à remplir, les réunions mensuelles, les bons de commande à remplir, les rapports à envoyer, les comptes rendus, etc.,
  - pour une secrétaire, la réunion hebdomadaire, la gestion de l'agenda, les copies conformes à diffuser, le courrier à trier, etc.

Parmi les principaux moyens qui peuvent être définis, on compte :

- les moyens économiques : budget, finances, dépenses, etc. ;
- les moyens humains : nombre de personnes à gérer (moyens humains directs), niveau d'expérience, recours à la sous-traitance, mise à disposition d'équipes d'autres directions (moyens humains indirects), etc. ;
- les moyens temps : délai pour accomplir la mission, date-butoir, étapes intermédiaires ;
- les moyens qualitatifs : conditions dans lesquelles doit s'effectuer la mission, impact humain, social ou sur l'environnement.

En résumé, entre la vision, les objectifs, la stratégie et les moyens, il y a quatre niveaux d'intervention possibles du manager vis-à-vis de ses collaborateurs, sachant que le premier niveau est le plus souvent réservé à l'entrepreneur lui-même, aux dirigeants, au Conseil d'Administration ou à l'autorité de tutelle.

1ᵉʳ Niveau   VISION :

– projet de l'entreprise à long terme ;
– vision conceptuelle de l'avenir ;
– recherche de la pérennité de l'entreprise ;
– vision de l'avenir des salariés de l'entreprise.

2ᵉ Niveau   OBJECTIFS :

– résultats à atteindre par l'entreprise : objectifs collectifs ;
– résultats attendus de chaque individu : objectifs individuels ;
– fixation annuelle ou pluriannuelle ;
– quantitatifs et qualitatifs.

3ᵉ Niveau   STRATÉGIE :

– choix des différentes politiques à mettre en œuvre pour atteindre les objectifs ;
– gestion des ressources existantes qui tient compte des moyens et de la vision.

4ᵉ Niveau   MOYENS :

– solutions opérationnelles choisies pour mettre en œuvre la stratégie et atteindre les objectifs :
– conditions de travail ;
– moyens de travail ;
– méthodes de travail.

Les trois derniers niveaux (objectifs, stratégie, moyens) constituent les fondements de l'activité économique quotidienne de l'entreprise. Leurs définitions jointes constituent le plan d'actions de l'entreprise :

PLAN D'ACTIONS = OBJECTIFS + STRATÉGIE + MOYENS

Les moyens sélectionnés pour atteindre un objectif fixé sont un choix décisif pour l'entreprise et ses managers. En effet il existe plusieurs moyens pour atteindre un même objectif, et le choix des moyens est toujours une décision opérationnelle qui a beaucoup d'impact sur l'activité et le fonctionnement de l'entreprise ainsi que sur le travail quotidien des collaborateurs.

Un bon plan d'actions, c'est finalement le choix d'une bonne stratégie et surtout de bons moyens. Les moyens choisis devront toujours être évalués en fonction de :

- leur pertinence par rapport aux objectifs ;

- leur pertinence par rapport à la stratégie ;

- leur pertinence par rapport aux autres moyens ou actions qui pourraient aussi être envisagés.

Ce dernier critère est souvent le plus important et pourtant le moins utilisé. Il demande en premier lieu un effort d'imagination et d'inventivité pour envisager toutes les solutions possibles et en second lieu un souci d'analyse et un bon jugement pour choisir la meilleure des solutions envisageables.

Combien de dépenses inutiles pourraient être évitées si chaque action de l'entreprise était passée à ce crible ?

D. Qu'est-ce qu'un bon objectif ?

Un objectif fixé à un collaborateur peut revêtir plusieurs acceptions dont la plus minimaliste est de seulement montrer le but à atteindre, sans évoquer aucun moyen, aucune contrainte ou aucun *feed-back*.

On peut donner quelques exemples d'objectifs minimalistes :
- « atteindre X millions de vente » ;
- « produire X milliers de produits » ;

– « économiser X millions sur les achats de matières premières » ;
– « produire à zéro défaut » ;
– « distribuer le courrier à temps » ;
– « envoyer le rapport d'activité », etc.

Selon nous ces objectifs, sur la forme, ne sont pas des objectifs. Fixer ou négocier un objectif avec un collaborateur c'est fixer ou négocier avec lui un plan d'actions, c'est-à-dire un objectif, une stratégie et des moyens. Dans les cas simples, on peut faire l'économie de la stratégie et se contenter de l'objectif et des moyens. Nous ne répéterons jamais assez que si un bon management des ressources humaines doit être organisationnel et rigoureux, il doit surtout être empreint de bon sens et de pragmatisme (« ne pas faire compliqué quand on peut faire simple »).

Un directeur des ressources humaines a l'habitude de définir un objectif par la formule suivante :

« Un objectif c'est un sujet + un verbe + un COD + des compléments circonstanciels ». Par exemple « Henri Dupond devra produire 200 boîtes par semaine avec seulement 10 boîtes défectueuses maximum et X millions d'énergie ».

Derrière le côté scolaire, voire syntaxique de cette définition, se masque la volonté d'être aussi clair que possible sur les objectifs en y intégrant la stratégie quand cela est adapté, et surtout les moyens dont disposera le collaborateur ainsi que les contraintes : le budget, les ressources humaines, les délais, l'aide d'autres équipes, les outils, les marges de manœuvre, etc.

Un objectif minimaliste n'est pas un objectif qui permet un management efficace et serein. Il peut stimuler certains individus mais est toujours source de stress. L'objectif qui intègre les moyens, les contraintes et les délais est non seulement rassurant pour le manager et le managé mais facilite aussi la réactivité et la mise en œuvre d'actions correctrices décidées en commun par le chef et son collaborateur. N'oublions pas que le but est d'atteindre et de faire atteindre les objectifs par les collaborateurs, non pas de les piéger.

Le bon objectif est donc un plan d'actions qui intègre le résultat à atteindre et les moyens mis à disposition pour atteindre ce résultat.

3 POURQUOI FIXER DES OBJECTIFS ?

« L'anarchie est partout quand la responsabilité
n'est nulle part. »
G. Le Bon

A. LE PRINCIPE DE RESPONSABILITÉ

Atteindre les objectifs qu'on leur a fixés est la responsabilité principale des collaborateurs au sein de l'entreprise. Mais fixer et faire en sorte que ces objectifs soient accessibles et atteints sont les responsabilités principales du manager.

Tout salarié a besoin et a droit à des responsabilités clairement définies. Certes on ne nous fera pas dire qu'un ouvrier a autant de responsabilités qu'un directeur d'usine ou qu'un P-DG. Mais en tant qu'hommes, tous trois ont droit au même respect. Et ce respect passe par la reconnaissance que chacun au sein de l'entreprise a sa part de responsabilité, si petite soit-elle, sur les résultats d'ensemble.

La fixation des objectifs permet de définir la contribution précise que l'on attend du collaborateur et les limites exactes de ses responsabilités.

B. LA RECHERCHE DE « L'EFFICIENCE »

Pour traduite le mot efficacité, les Anglo-Saxons peuvent utiliser soit « efficacity » soit, plus couramment « efficiency ». L'efficacité c'est l'atteinte des objectifs. Nous définirons « l'efficience » comme étant l'action d'atteindre les objectifs mais de la manière la plus optimale, c'est-à-dire, à moindre coût, dans les plus brefs délais ou avec le moins d'effort possible.

Du point de vue des managers ou des dirigeants la fixation de bons objectifs contribue à l'augmentation de l'efficience.

En effet chaque collaborateur a tendance à interpréter sa mission en fonction de ses motivations plutôt qu'en fonction des exigences de l'entreprise.

Plus le manager possède une visibilité précise de la mission de son collaborateur, plus l'action de celui-ci est efficace. Il incombe au manager de faire coïncider les intérêts personnels du collaborateur (ses motivations) avec les intérêts globaux de l'entreprise (ses objectifs).

C. QUAND FIXER LES OBJECTIFS ?

La réponse à cette question pour nous est simple : dans tous les cas. Néanmoins nous verrons que selon les cas, selon les objectifs ou selon les niveaux de compétence, la fixation des objectifs peut se faire sur la base d'un échange plus ou moins prononcé entre le chef et son collaborateur.

Certaines entreprises publiques ou certaines administrations, comme l'enseignement par exemple, ne pratiquent pas le management par objectifs. Nous pensons qu'il est absolument nécessaire d'instaurer le management par les objectifs et la méthode dans toutes ces organisations et à tous les niveaux.

La fixation des objectifs doit se faire avant le début de la période de référence : en principe pour la majorité des cas soit en décembre, soit en janvier, moment où se feront aussi les évaluations. La fixation des objectifs doit se faire en tout cas en même temps que l'évaluation des résultats.

En effet nous verrons que l'évaluation des résultats sert moins à juger le passé qu'à mieux préparer l'avenir.

Dans les entreprises commerciales, il y a trois situations où la fixation d'objectifs devient encore plus indispensable :

– à l'embauche : les débutants ont besoin plus que les autres d'une définition claire de leur mission et des moyens pour l'atteindre. Plus que de débutants on devrait parler d'ailleurs de personnes inexpérimentées dans un nouveau poste qu'on vient de leur confier, par changement latéral de fonction ou par promotion ;

– lorsqu'il y a sentiment de surcharge de travail : cette situation génère très souvent un niveau de stress élevé et une moindre efficacité. La redéfinition claire des missions et des moyens est la meilleure méthode pour résoudre ces cas ;

– lorsque le collaborateur ne sait plus (ou pas) définir les priorités de son métier.

D. COMMENT ?

La réponse à cette question sera couverte en détail dans la troisième partie. Nous mentionnerons seulement à ce stade la nécessité dans une telle méthode de management de l'échange permanent entre le manager et le managé. Manager par les objectifs et la méthode c'est avant tout s'enrichir mutuellement, en principe pour le bénéfice des trois entités : le collaborateur, le chef et l'entreprise.

L'échange et le *feed-back* sont les clés de la réussite d'un bon management par objectifs. La cybernétique (du grec « kubenetes » qui signifie gouvernail ou timonier), signifiait, selon Ampère en 1811, « l'art de gouverner les hommes ». La cybernétique n'est pas la technologie des ordinateurs électroniques ou des « robots ». Selon le français Couffignal, la cybernétique est « l'art d'assurer l'efficacité de l'action ». Une des lois générales de la cybernétique s'applique parfaitement au management des hommes. Non pas que nous considérions les hommes comme des machines, mais parce qu'une des propriétés fondamentales des mécanismes cybernétiques est la « rétroaction » (ou *feed-back*). L'impression de comportement « intelligent » que nous laissent ces mécanismes est due au fait qu'on leur réinjecte le résultat des expériences passées pour atteindre le but. Les effets sont reliés à leur cause. Le *feed-back* permanent entre le chef et son collaborateur permet d'améliorer les résultats et d'enrichir le collaborateur.

4 LES OBJECTIFS : UN CONTRAT

« C'est quelquefois pénible de faire son devoir, et
cela ne l'est jamais autant que de ne pas l'avoir fait. »
Antoine de Rivarol

A. UN CONTRAT PASSÉ ENTRE LE MANAGER ET LE MANAGÉ

Plus qu'un moyen de pression (ce qu'ils étaient dans les années 70) ou un symbole d'autorité, les objectifs représentent un contrat passé entre le manager et le managé.

Les deux seront liés par ce contrat. La réussite, c'est-à-dire l'atteinte des objectifs, sera imputable aux deux. Mais l'échec, c'est-à-dire la non-atteinte des objectifs, aussi. Un manager est aussi responsable de l'échec de ses collaborateurs. Soit parce qu'il avait fixé des objectifs non atteignables, soit parce qu'il n'a pu donner la méthode à son collaborateur pour les atteindre, soit parce qu'il n'avait pas identifié à temps les problèmes.

Parce que les objectifs et surtout les plans d'actions (objectifs, stratégie, moyens) sont un contrat entre le manager et le managé, nous recommandons de toujours leur donner une certaine forme contractuelle, c'est-à-dire un document signé en début de période par le chef et son collaborateur. Les deux signatures au bas d'un document écrit pourraient paraître un peu formalistes ou solennelles, mais elles témoignent surtout des responsabilités conscientes prises par chacun, et de l'engagement pris en commun.

B. RESPONSABILITÉ ET DEVOIRS DU MANAGÉ

La vie dans une entreprise peut parfois paraître difficile pour certains. En effet dans la vie professionnelle, surtout en période de chômage exacerbé, beaucoup ne choisissent ni l'entreprise, ni le chef, ni les fonctions qu'ils vont occuper. En outre dans la vie professionnelle, et c'est la grande différence avec la vie privée ou la vie tout court, on ne choisit pas les gens avec qui on va passer huit heures par jour.

Mais quelles que soient les raisons qui expliquent pourquoi on est salarié, tout managé a, sinon des responsabilités, du moins des devoirs.

Le managé a en fait des responsabilités et des devoirs vis-à-vis de trois entités :

- tout d'abord vis-à-vis de lui-même : quel que soit son niveau d'ambition (certains ont le droit de ne pas vouloir progresser ou de ne pas pouvoir progresser), tout collaborateur a un amour-propre ou un amour minimum du travail bien fait qui doit le pousser à atteindre ses objectifs. L'autoréalisation, voire l'autosatisfaction, sont des ressorts méconnus mais puissants de la motivation des individus ;

- ensuite vis-à-vis de son entreprise (et de sa hiérarchie) : sans tomber dans le paternalisme déplacé, on peut dire, peut-être de manière abrupte, que « tout salaire mérite résultat », comme « tout travail mérite salaire » ;

– enfin vis-à-vis des autres membres de l'équipe : travailler dans une entreprise, c'est faire partie d'une équipe et partager parfois des valeurs et des cultures. La responsabilité des collaborateurs vis-à-vis de ses collègues justifie aussi l'atteinte d'objectifs individuels qui contribuent aux résultats de tous.

5 LES VOIES VERS L'AUTONOMIE

« Il faut que je les suive, c'est moi leur chef. »
Andrew Bonarlaw (premier ministre anglais)

Nous allons maintenant introduire un concept-clé du management des ressources humaines : l'autonomie.

A. QU'EST-CE QUE L'AUTONOMIE ?

L'autonomie d'un collaborateur recouvre sa capacité à atteindre les objectifs qui lui ont été fixés. Le niveau d'autonomie d'un individu se mesure au besoin qu'il a d'être aidé par les autres ou son chef. Pour simplifier nous dirons, qu'un individu qui remplit ses missions et résout les problèmes sans l'aide de son chef est autonome.

Face à la complexité des problèmes à résoudre, l'autonomie des collaborateurs est un gain de temps et d'efficacité pour l'entreprise.

L'autonomie n'est pas une notion abstraite.

Nous définirons l'autonomie comme étant la somme de la compétence et de la motivation :

AUTONOMIE = COMPÉTENCE + MOTIVATION

La compétence est la capacité de l'individu à résoudre les problèmes et à faire le travail qu'on lui a confié. Les compétences peuvent être :

- humaines (capacité à gérer les équipes pour un chef de vente, à recruter pour un responsable du recrutement, à écouter pour un responsable du personnel, etc.) ;
- techniques (connaissance informatique, langues étrangères, permis de conduire des poids lourds, comptabilité, etc.) ;
- spécifiques (capacité à nettoyer une machine-outil, à réparer un système, etc.).

La compétence regroupe le savoir et le savoir-faire. Un individu ne peut être autonome s'il n'est pas compétent, c'est-à-dire s'il ne sait pas faire et donc s'il ne peut pas faire. On ne peut pas demander à quelqu'un de conduire une voiture s'il ne sait pas conduire. On ne peut pas demander à quelqu'un de copier une disquette informatique s'il ne sait pas utiliser un ordinateur. De même il est risqué de faire faire une présentation majeure devant un vaste public à quelqu'un qui n'a jamais présenté en public. La compétence n'est donc pas seulement le savoir (la connaissance, la théorie) mais aussi le savoir-faire (l'expérience, la pratique).

Compétence :
Savoir + Savoir-faire
Connaissance + Expérience
Théorie + Pratique

On voit que les débutants sont souvent peu autonomes. Pour manager des débutants ou des personnes peu autonomes en raison de leur manque de compétences, les managers doivent « enseigner », « apprendre ». Ils doivent non seulement bien montrer le but à atteindre, mais montrer comment atteindre ce but. Dans le cas de la copie de la disquette informatique, on apprendra, « pas à pas », comment allumer l'ordinateur, chercher le fichier, introduire la disquette, etc. Le manager cherchera à découper la mission à accomplir en multiples sous-tâches ordonnées et expliquées.

La deuxième condition à l'autonomie est la motivation. Un individu, même s'il est compétent, ne peut pas atteindre ses objectifs ou faire son travail s'il n'est pas motivé, c'est-à-dire s'il ne veut pas faire.

Les individus sont rarement complètement démotivés, c'est-à-dire qu'il refusent rarement de faire. Mais lorsqu'ils sont démotivés, les collaborateurs ne font que partiellement leur travail et ne donnent pas le meilleur d'eux-mêmes. Ils n'utilisent pas entièrement les compétences qu'ils possèdent. Dans les sites de production, les défauts de qualité sont souvent dus à la démotivation engendrée par la répétitivité des tâches.

Un collaborateur démotivé s'en tient en fait au strict minimum. Le comportement d'un individu démotivé peut être caricaturé par le dialogue suivant – pas si imaginaire – entre un chef et son collaborateur :

« As-tu copié la disquette informatique ? »

« Non »

« Pourquoi ? »

« Parce que l'ordinateur était éteint »

« Pourquoi ne l'as-tu pas allumé ? »

« Parce que tu m'as demandé de copier la disquette, pas d'allumer l'ordinateur »

Un collaborateur non motivé n'est plus autonome car le moindre obstacle le fait capituler.

En résumé il existe trois cas où un collaborateur n'a pas d'autonomie et a besoin d'être encadré de très près :

- il est compétent mais pas motivé : « Je sais faire mais je ne veux pas » ;
- il est motivé mais pas compétent : « Je veux faire mais je ne sais pas » ;

– il n'est ni compétent, ni motivé : « Je ne sais pas et je ne veux pas faire ».

L'action (« le faire ») découle toujours d'une compétence (« le savoir ») et d'une motivation (« le vouloir »).

Les Anglo-Saxons disent : « I can + I want = I do ».

Face à ces cas le rôle du manager est :

– dans le premier cas, le manager doit axer tout son management sur la motivation du collaborateur. Le manager doit alors avant tout jouer un rôle d'animateur et de leader. Il doit expliquer l'objectif à atteindre et insister sur les raisons pour lesquelles le travail du collaborateur est nécessaire à l'atteinte du résultat, ce qui permettra au collaborateur, d'en tirer bénéfice ;

– dans le deuxième cas, le manager doit axer son management sur le développement des compétences du collaborateur. Il joue avant tout un rôle de formateur, de pédagogue et d'expert. Il explique au collaborateur comment faire pour atteindre l'objectif ;

– dans le dernier cas, le manager doit faire face à une situation plus difficile, voire à un sérieux problème. Soit le manager jugera que le collaborateur peut acquérir un niveau minimum de compétence pour accomplir la tâche et peut retrouver une certaine motivation au travail, et donc poursuivre sa mission ; soit le manager jugera qu'il y a inadéquation entre le poste occupé ou la mission confiée et le collaborateur choisi et donc le manager devra soit confier une autre mission au collaborateur, soit dans les cas les plus « désespérés » se séparer du collaborateur.

Mais cette mesure doit toujours être considérée comme un pis-aller, et seulement quand toutes les autres mesures possibles pour développer l'autonomie du collaborateur, ont été tentées (augmenter sa motivation ou améliorer ses compétences).

Un directeur logistique à qui un chef d'équipe venait recommander le licenciement d'un membre de l'équipe avait demandé :

« As-tu tout fait pour améliorer ses résultats ? »

« Oui j'ai tout tenté il est incompétent et totalement démotivé »

« Es-tu sûr d'avoir tout tenté ? »

« Ça fait six mois que j'ai tout essayé »

« Essaie encore ! »

Le licenciement d'un collaborateur est toujours un échec pour un manager. Il n'y a pas lieu d'en être fier. Cela ne veut bien sûr pas dire qu'il ne faille jamais se séparer de certains collaborateurs, quand ceux-ci n'ont aucune adéquation professionnelle et motivationnelle avec la mission à remplir. La ténacité du manager pour développer l'autonomie de ses collaborateurs a des limites. En management la ténacité est une grande qualité, l'entêtement un énorme défaut.

Les ressorts de l'autonomie

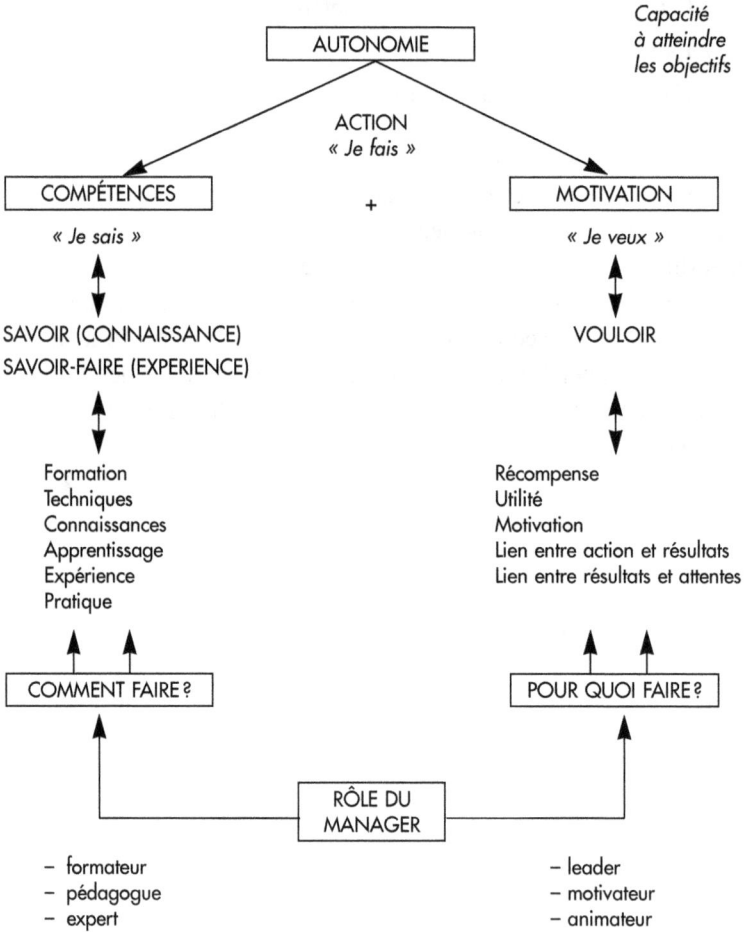

B. POURQUOI DÉVELOPPER L'AUTO-NOMIE DES COLLABORATEURS?

Le développement de l'autonomie des collaborateurs est non seulement un objectif prioritaire du manager mais aussi une obligation. On peut d'ailleurs se demander si l'autonomie est une finalité ou un moyen? C'est à coup sûr un moyen pour atteindre les résultats visés, mais, en soi, l'autonomie des collaborateurs est porteuse de résultats atteints. Un responsable du personnel demande à tous ses cadres de recruter des collaborateurs plus intelligents et plus compétents qu'eux-mêmes.

Avoir une équipe de collaborateurs autonomes c'est la probabilité accrue :

- d'aller plus vite pour accomplir les missions;
- d'atteindre les objectifs;
- de faire progresser l'entreprise;
- de faire progresser les collaborateurs;
- de progresser soi-même en élargissant, par une délégation renforcée, son propre champ de compétences, d'activités et de responsabilités.

Certains managers ont toujours peur qu'en développant trop fortement l'autonomie des collaborateurs ils ne perdent le contrôle des collaborateurs, la connaissance des dossiers et des missions ou tout simplement leur place. C'est tout le contraire : on risque sa place quand son équipe ne « marche plus » (autrement dit n'atteint plus ses objectifs), quand les individus ne sont plus autonomes, et que cela surcharge le travail du chef, qui perd son recul et ne contribue plus lui-même efficacement au résultat de l'entreprise.

Même les plus ambitieux aux dents longues doivent se dire qu'on progresse soi-même et qu'on est promu seulement si on a des équipes fortes qui vous poussent autant qu'on les tire, et si on a convaincu sa hiérarchie que la relève est prête et que l'on peut voler vers d'autres cieux.

© Éditions d'Organisation

Développer ses collaborateurs, accroître leur compétence, les former, enrichir leur expérience, les motiver, en un mot les rendre autonomes, c'est la voie la plus sûre pour :

- atteindre des objectifs et ceux de l'équipe ;
- faire gagner l'entreprise ;
- accroître la productivité doublement :
  - en accentuant l'efficacité,
  - en économisant les ressources ou les dépenses ;
- être soi-même promu.

C. LES DIFFÉRENTS NIVEAUX D'AUTONOMIE

Nous avons vu qu'il existait plusieurs types d'autonomie selon que les individus sont compétents et motivés.

Globalement on peut dire qu'il y a trois niveaux d'autonomie :

- autonomie faible ou nulle : le collaborateur n'est pas ou faiblement autonome, il n'est pas capable d'atteindre ses objectifs et d'accomplir la mission actuelle sans le soutien de son chef (c'est le cas des débutants par exemple, ou des personnes occupant un poste nouveau et différent) ;
- autonomie partielle : le collaborateur est presque capable d'atteindre ses objectifs et d'accomplir sa mission. Il est en tout cas capable de définir les moyens pour atteindre les différents objectifs ;
- autonomie totale : le collaborateur n'a pas besoin du chef pour accomplir sa mission. Il est même capable de savoir ce qu'il faut faire (le but à atteindre, le « quoi ? ») et comment il faut le faire (les moyens, la méthode, le « comment ? »).

Une autre manière d'identifier le niveau d'autonomie d'un collaborateur est donc de s'intéresser à sa capacité à fixer les objectifs et les moyens.

– Un collaborateur peu ou pas autonome est celui à qui on doit fixer les objectifs et les moyens.

Par exemple : le manager ou collaborateur débutant : « Pour faire la présentation tu copieras la disquette X, sur le fichier Y de l'ordinateur central, en cliquant sur copie et fichier etc. » ; ou le manager au chef de produit « Pour relancer la marque X, nous devons lancer un nouveau format plus grand, avec un nouveau parfum, etc. ».

– Un collaborateur partiellement autonome est celui à qui on doit fixer les objectifs mais qui se fixera lui-même ses moyens : « Tu fais la présentation » ou le manager au chef de produit « Il faut relancer la marque X ».

– Un collaborateur autonome est celui qui est capable de se fixer lui-même ses objectifs et de définir des moyens pour les atteindre. Le collaborateur ayant atteint ce niveau d'autonomie vient solliciter l'accord du manager sur les objectifs et les moyens. Le rôle du manager se cantonne alors, ce qui n'est pas la chose la plus aisée, à contrôler si les objectifs sont bons et si les moyens proposés par le collaborateur sont les mieux adaptés. En fait, dans ce cas de figure, les objectifs sont fixés conjointement.

Les trois niveaux d'autonomie

Autonomie	Objectifs	Moyens	Rôle du manager
Faible.	Fixés par le manager.	Fixés par le manager.	Le manager dicte ce qu'il faut faire et comment le faire.
Partielle.	Fixés par le manager.	Fixés par le collaborateur ou délégués au collaborateur.	Le manager fixe ce qu'il faut faire et approuve et contrôle les moyens choisis.
Totale.	Fixés par le collaborateur.	Fixés par le collaborateur.	Le manager valide les objectifs. Le manager approuve et contrôle les moyens choisis.

D. LA CONTRIBUTION DU CHEF ET CELLE DES COLLABORATEURS

Selon nous, une des règles essentielles pour pratiquer un bon management par les objectifs et la méthode est que la contribution du chef ne doit pas être égale à la somme des contributions de ses collaborateurs. Autrement dit, un chef, au-delà de sa contribution de coordination et d'animation de l'équipe et de son rôle de leadership, doit avoir :

– sa propre valeur ajoutée ;

– ses propres objectifs.

Une des contributions propres au chef est justement de fixer les objectifs de son équipe mais cela n'est pas suffisant. Le chef doit avoir aussi ses propres missions. On connaît certains directeurs de vente qui conservent un ou deux clients-clés. Nous avons vu aussi que pour certains collaborateurs particulièrement autonomes, le rôle du chef consiste seulement à approuver les objectifs et les moyens proposés par son collaborateur. Or ce seul rôle n'est pas suffisant en soi et ne justifie pas un échelon hiérarchique dans l'entreprise.

On sait que la tendance dans toutes les entreprises est à la réduction du nombre d'échelons hiérarchiques. Le « lean management » n'est possible et efficace que si les collaborateurs ont atteint un certain niveau d'autonomie et seulement si la contribution du chef est supérieure à la somme des contributions de ses collaborateurs. Sinon nous serions tentés de dire que le chef, à ce niveau, est inutile, et qu'un échelon hiérarchique ou un poste pourraient être supprimés.

Les managers qui se contentent de coordonner les activités de leurs équipes, même s'ils sont de bons animateurs d'équipe, ne contribuent pas assez aux résultats de l'entreprise, surtout s'ils dirigent des collaborateurs très autonomes.

6 LES OBJECTIFS SMAC

> « *Dépasser les limites n'est pas un moindre*
> *défaut que de rester en deçà.* »
> Confucius

Quelles sont les principales caractéristiques des bons objectifs ? Quelle que soit la nature des objectifs fixés, il est bon de définir des critères pour juger de la qualité et de la pertinence des objectifs. Nous verrons que le management par les objectifs et la méthode s'applique aussi bien aux objectifs quantitatifs que qualitatifs. En outre, nous verrons aussi qu'il peut y avoir des objectifs négociables et des objectifs non négociables.

Mais qu'ils soient quantitatifs, qualitatifs ou mixtes, imposés ou concertés, pour un ouvrier travaillant à la chaîne, un chercheur de laboratoire, un guichetier d'un bureau postal ou un directeur des ventes, un bon objectif doit présenter quatre caractéristiques : la *spécificité*, la « *mesurabilité*[1] », « *l'accessibilité*[1] » et la *cohérence*. Dans *La fin des Marques ? Vers un retour au produit* (Les Editions d'Organisation) nous avions utilisé les mêmes critères et les mêmes qualificatifs pour définir la bonne innovation produit. Nous reprenons ici l'expression SMAC[2] en l'appliquant, comme beaucoup d'entreprises, à la fixation des objectifs.

---

1. Néologismes définissant le fait de pouvoir être mesuré et de pouvoir être atteint.

2. Cette expression a été utilisée par Jean-Marie Manaert dans *Evaluation et Fixation des objectifs* (Les Presses du Management).

A. SPÉCIFIQUES

Les objectifs fixés à un collaborateur doivent être spécifiques. Ils doivent être propres à ce collaborateur et à ses missions dans le poste qu'il occupe.

Evidemment certaines personnes occupent des postes ou des missions presque identiques dans l'entreprise, voire le même poste en rotation. Dans ce cas-là, la grande majorité des objectifs tient non seulement compte de l'intérêt de l'entreprise et du résultat à atteindre, mais ne néglige pas pour autant les hommes responsables de son atteinte. Deux ouvriers à la même chaîne de production occupant le même poste, l'un de jour, l'autre de nuit, auront globalement les mêmes objectifs quantitatifs de rendement, mais pourront avoir des objectifs qualitatifs différents en fonction des performances réalisées jusqu'ici, de la compétence et des motivations de chacun. Deux fonctions ou deux missions peuvent être identiques. Mais les deux personnes pour remplir cette mission seront toujours différentes professionnellement et cela au moins à trois niveaux :

- au niveau des performances réalisées dans la période précédente de référence. Même si elles ont produit le même nombre de boîtes de conserve, les deux personnes ne les produiront pas au même niveau de qualité, de propreté (l'une pouvant apporter des idées nouvelles pour améliorer son travail), etc.;
- au niveau des compétences, qu'elles soient techniques (connaissances de la mécanique, etc.) ou qu'elles soient relationnelles (aptitude à travailler en équipe, soutien apporté aux autres membres, etc.), deux individus sont toujours différents. En outre, l'un d'entre eux peut avoir, par exemple, le potentiel pour apprendre plus vite, occuper une autre fonction, être promu ou élargir son champ de responsabilité;
- au niveau de la motivation, enfin, deux collaborateurs ont rarement le même degré d'implication et d'engagement qui se traduisent tous deux par la disponibilité, l'état d'esprit

positif, le comportement exemplaire, voire la critique constructive.

La spécificité des objectifs recouvre aussi leur précision. Par exemple, « améliorer le service client » est un objectif trop vague. « Réduire les délais de livraison » ou « réduire le nombre de commandes erronées » sont des objectifs déjà plus spécifiques qui contribuent à l'amélioration de la qualité du service client. Dans un tout autre domaine, « améliorer l'accueil » pour un réceptionniste est un objectif trop vague, puisque l'accueil est l'objet même de sa mission. En revanche « réduire les temps d'attente », « proposer systématiquement une brochure d'information », « offrir un café » sont des objectifs plus précis.

B. MESURABLES

C'est le critère-clé à toute évaluation postérieure et bien sûr le plus difficile à respecter et à mettre en œuvre.

Fixer des objectifs mesurables est bien souvent un véritable casse-tête, même pour les managers les plus compétents et les plus expérimentés. En effet trouver des critères de performances qui serviront de référence aux objectifs quantitatifs est une tâche relativement facile. Il en va tout autrement pour des objectifs qualitatifs.

Par exemple le manager remplacera « augmenter les ventes » par « augmenter les ventes de 10 % sur les 12 prochains mois », « améliorer la qualité de la production » par « réduire les produits défectueux à 5 % de la production totale », « baisser le coût d'achat des matières premières d'emballage » par « réduire le coût d'achat des matières premières de 10 % à volume égal », etc.

Pour les objectifs dits qualitatifs (comme « améliorer l'organisation des dossiers », « avoir une attitude plus professionnelle en réunion », « prendre des initiatives »), il faut essayer d'encadrer au maximum ces objectifs par des critères plus mesurables (délais, date-butoir, respect du budget, etc.) ou en rendant plus concrète l'expression des objectifs.

Par exemple le manager remplacera « améliorer l'organisation des dossiers » par « sera capable de sortir l'information demandée immédiatement » ou par « classera les dossiers de manière disponible et accessible pour l'équipe ». Il remplacera « avoir une attitude professionnelle en réunion » par « lors des réunions préparera les dossiers à l'avance, respectera les horaires, préparera les salles, diffusera les comptes rendus le lendemain ». Il substituera à l'objectif « prendre des initiatives », l'objectif suivant : « proposer au moins une idée nouvelle par trimestre pour augmenter le rendement ou réduire les défauts ».

C. ACCESSIBLES

Nous l'avons déjà dit, une des trois conditions à la motivation est la perception de faisabilité de l'objectif (« c'est possible »). Un objectif trop ambitieux peut démotiver même les individus les plus volontaires.

Il faut différencier à ce stade de l'analyse les objectifs qui sont réellement inaccessibles et ceux qui sont perçus comme étant inaccessibles par le collaborateur mais qui peuvent cependant être atteints.

Pour ces derniers, le manager doit entamer un processus d'explications et de rationalisation pour démontrer à son collaborateur que les objectifs sont vraiment accessibles. Ce processus de conviction, comme tout processus de vente, passe d'abord par une phase de questionnement : « Pourquoi penses-tu que ce n'est pas atteignable ? », « Sur quoi repose ce sentiment ? », « Que pourrais-tu faire pour les atteindre ? », « De quoi aurais-tu besoin ? ». Ensuite la phase la plus efficace pour convaincre le managé du réalisme des objectifs, est de lui expliquer la méthode et les

moyens pour les atteindre. Le manager joue ici son rôle de pédagogue, celui qui montre « comment il faut faire ».

En toute logique les objectifs qui sont réellement inaccessibles,
ne devraient pas être fixés car ils sont démotivants à la fois pour
le manager et le managé. A terme, s'il persiste à fixer des objectifs inaccessibles, le manager peut y perdre sa crédibilité et les
collaborateurs leur foi dans l'entreprise : c'est la spirale de
l'échec.

Et pourtant il existe des situations exceptionnelles, de crise, où
l'on fixe à des managers – avec mission de les répercuter ensuite
sur leurs équipes – des objectifs inaccessibles mais nécessaires
pour la survie de l'entreprise. Ce type de situation doit rester
exceptionnel. Dans le cas contraire, ce sera à nouveau la spirale
de l'échec et la création d'une pression intolérable (ou pire ce
sont des objectifs manipulatoires qui à terme nuiront à la crédibilité et à l'intégrité du manager). Le manager devra tenir compte
dans l'évaluation de ses collaborateurs de la difficulté de la mission confiée et devra avouer qu'il avait conscience de l'ambition
démesurée des objectifs.

Si un objectif difficile à atteindre doit être un défi qui motivera
les plus performants, il doit aussi susciter l'envie. Au-delà d'une
certaine limite, le défi va se transformer en découragement, voire
en peur (la peur d'échouer et d'être sanctionné).

Si un objectif est trop facilement accessible, la motivation du
managé pourra être supérieure à son niveau de motivation moyen
mais l'utilisation de son potentiel, de ses compétences et de son
efficacité au travail ne sera pas optimale. Par ailleurs, à la longue,
l'ennui (ou le manque de responsabilité) pourra frustrer les
meilleurs éléments.

Quand les objectifs deviennent synonymes de défi et de chal-
lenge, tout en restant accessibles, le niveau de motivation du collaborateur augmente. La courbe de motivation franchit ce que
nous appellerons le « point de motivation ». Quand elle franchit le
« point de rupture » la motivation baisse. Entre les deux points
l'utilisation du potentiel du collaborateur est optimale. Le collabo-

rateur « donne le meilleur de lui-même » à l'entreprise. Pour entretenir cette flamme, l'entreprise devra aussi « lui donner le meilleur d'elle-même » (récompense, augmentation salariale, formation, développement, etc.).

Au-delà du « point de rupture » de la motivation, il y a perte de potentiel, découragement ou stress.

Bien entendu l'utilisation optimale du potentiel ne doit pas être confondue avec l'exploitation des individus. L'exploitation, c'est la satisfaction des besoins de l'entreprise sans la satisfaction des besoins explicites ou implicites du collaborateur. L'utilisation optimale du potentiel du collaborateur, c'est l'utilisation optimale de ses compétences en vue de satisfaire les besoins de l'entreprise, tout en satisfaisant aussi ses motivations et ses attentes conscientes ou inconscientes.

Objectifs accessibles, niveau de motivation et utilisation du potentiel

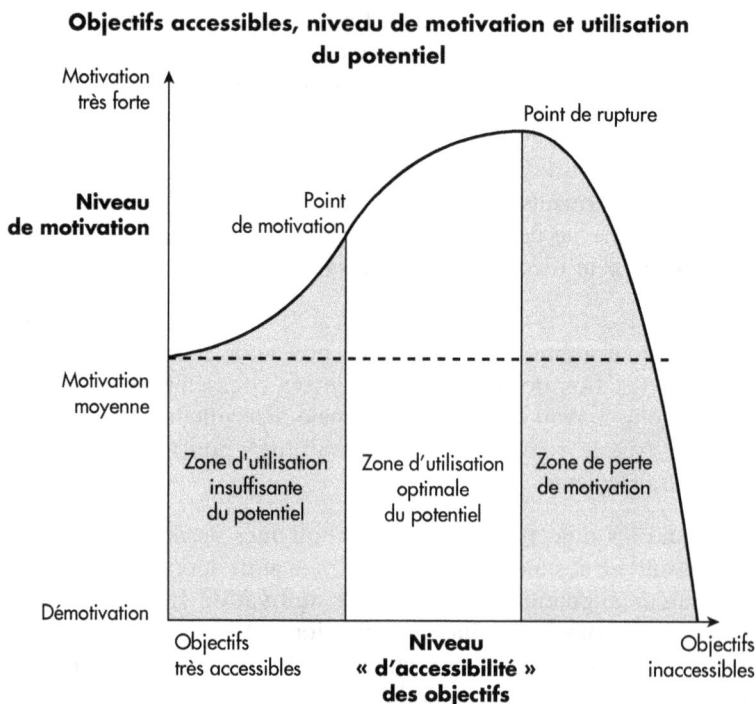

D. COHÉRENTS

Les objectifs doivent avoir enfin une triple cohérence :

– cohérence entre les objectifs fixés au collaborateur : on ne peut pas demander par exemple à un collaborateur d'assister plus souvent à des réunions et en même temps d'être plus présent sur le terrain ;

– cohérence entre les objectifs fixés aux autres collaborateurs : par exemple on ne peut pas demander à une équipe d'investir plus dans l'innovation et en même temps demander à la Recherche et Développement de réduire ses coûts ;

– cohérence entre les objectifs fixés et les objectifs généraux de l'entreprise.

Pour résumer les critères de sélection des objectifs et des moyens pour atteindre ces objectifs, nous utiliserons le schéma suivant :

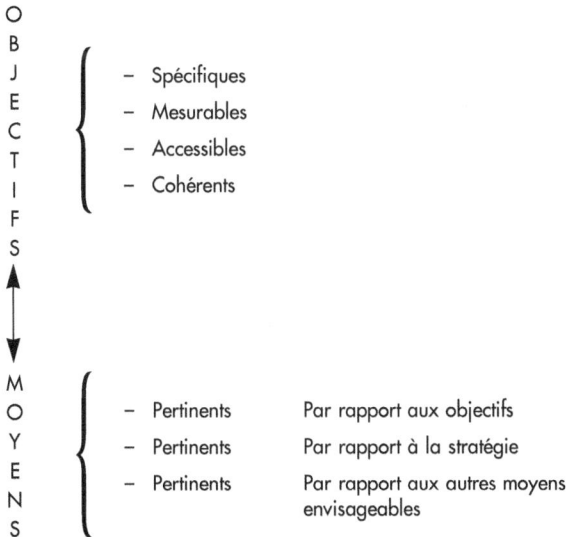

```
O
B
J          ⎧  – Spécifiques
E          ⎪
C          ⎨  – Mesurables
T          ⎪
I          ⎩  – Accessibles
F             – Cohérents
S
▲
│
▼
M
O          ⎧  – Pertinents     Par rapport aux objectifs
Y          ⎪
E          ⎨  – Pertinents     Par rapport à la stratégie
N          ⎪
S          ⎩  – Pertinents     Par rapport aux autres moyens
                                envisageables
```

7 OBJECTIFS, STRESS ET TURBULENCES

« Plus contagieuse que la peste la peur se communique
en un clin d'œil. »
Nicolas Gogol *(Les Âmes mortes)*

A. OBJECTIFS, STRESS ET PEUR

Le management par objectifs a longtemps traîné une image de pression, voire de presse-citron. Le management hautement « pressurisant » des années 70 calqué sur des modèles américains n'est pas adapté, en l'état, à la situation de cette fin de siècle et du début du XXIe siècle. Un management par objectifs ne peut être efficace que s'il s'accompagne d'un management par la méthode où le manager aide, plus qu'il ne force, les collaborateurs à atteindre leurs objectifs, en étant solidaire (et non pas solitaire) de l'équipe.

C'est un lieu commun que de citer le stress comme le mal qui touche la très grande majorité des cadres.

Il nous faut parler du rapport entre les objectifs et le stress.

Selon le niveau « d'accessibilité » des objectifs, le niveau de stress varie. Beaucoup de personnes pensent que le stress est nécessaire à l'efficacité et au dépassement de soi. Tout dépend des situations et des collaborateurs concernés et surtout tout dépend de la définition et du niveau de stress dont on parle.

Au cours d'un séminaire de management, un neurobiologiste a donné la définition originale suivante du stress : « Processus neurobiologique qui incite un individu à la lutte ou à la fuite lorsqu'il est confronté à un événement ».

Conséquences du stress

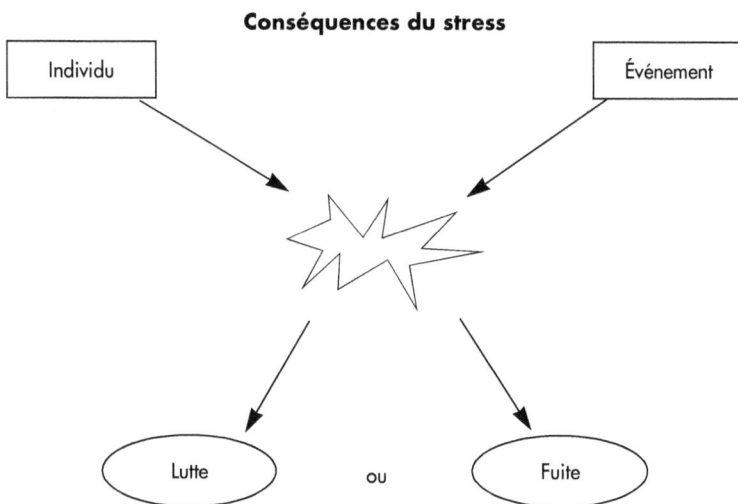

Cette définition qui repose sur des explications médicales demande quelques éclaircissements.

Selon les biologistes, de tout temps, l'être humain a été « stressé » car il a été confronté, surtout à l'aube de l'humanité, à de nombreux événements : froid, faim, recherche de nourriture, cueillette, chasse, attaques des bêtes sauvages, menaces d'autres tribus, etc. Mais le corps et l'organisme humains étaient relativement bien « équipés » pour réagir à ces événements. En face d'un « événement » du type « bête sauvage », soit l'homme fuyait, soit il luttait. Le stress était donc un avantage pour l'homme des cavernes sur le plan physiologique ; pour l'homme d'aujourd'hui, les manifestations physiques et neurobiologiques du stress, sont des inconvénients. On pourrait résumer ces avantages et inconvénients par le tableau suivant à consulter aussi avec humour.

L'homme et le stress

Evénement	Avantages pour l'homme des cavernes	Inconvénients pour l'homme moderne
Transfert de masse sanguine des viscères vers le muscle.	– augmentation de l'énergie ; – facilite l'évacuation.	– bouche sèche ; – ballonnement.
Augmentation du taux de glycémie et insuline.	– augmentation de l'énergie.	– boulimie car phénomène d'hypoglycémie.
Production d'endorphine.	– anti-douleur.	– lombalgies (50 % des hommes) ; – cervicalgies (80 % des femmes).
Cholestérol (combustible retard).	– augmentation de l'énergie.	– artériosclérose (épaississement des tissus internes et durcissement des artères).
Accroissement de la captation d'oxygène (grossissement des poumons).	– augmentation d'énergie.	– danger si abus du tabac.
Diminution des hormones sexuelles.	– autorégulation de la population (en cas de famine ou de danger).	– baisse des rapports sexuels ; – impuissance.
Augmentation de la thyroïde.	– augmentation de la température (en cas de froid).	– nervosité ; – intolérance à la chaleur.
Augmentation des muscles horripilateurs, de la sueur de la pâleur.	– silhouette ; impressionnante.	– look « défait ».
Rendement maximal.	– augmentation de l'attention ; – éveil des sens.	– augmentation du taux d'erreur.

Selon nous, on peut classer le stress selon trois niveaux :

– le sous-stress, qui peut parfois être synonyme de frustration et surtout d'ennui, est une perte d'efficacité et une non-utilisation optimale du potentiel des collaborateurs ;

– le stress de niveau optimal qui permet à l'individu de lutter sans fatigue excessive et de manière raisonnable contre les « événements » (problèmes difficiles à résoudre, présentation publique, rapport à remettre dans des délais courts, conflits humains, objectifs accessibles mais difficiles, etc.). La vie professionnelle est une somme d'« événements » qui vont inciter les managés à la lutte ou à la fuite ;

– le sur-stress est un stress négatif qui annihile les capacités des collaborateurs, leur fait perdre de l'efficacité, soit parce qu'ils « fuient », soit parce que la « lutte » acharnée qu'ils entreprennent est perdue d'avance ou leur fait perdre trop d'énergie.

Objectifs accessibles et stress

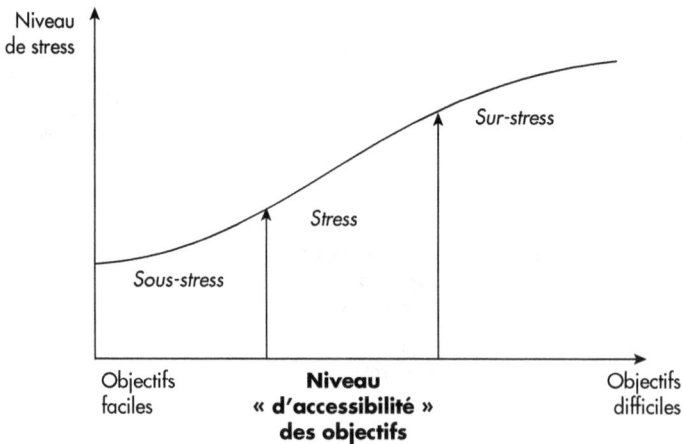

Nous recommandons très fortement, sauf cas exceptionnels, de ne pas utiliser les objectifs comme un moyen de pression sur les collaborateurs. L'entreprise, dans les pays industrialisés, où sévit un fort taux de chômage, a non seulement une vocation économique à dégager des bénéfices financiers ou sociaux (pour les établissements publics) mais aussi une responsabilité humaine. La peur du chômage se ressent beaucoup aujourd'hui, le manager ne peut y ajouter la peur de la vie en entreprise.

La peur dans l'entreprise découle globalement de trois facteurs essentiels :

- la hiérarchie (qui n'est pas choisie) ;
- les règles du jeu (imposées et différentes des règles de vie) ;
- les impératifs de vitesse et de résultats.

Or notre société bascule : l'environnement technologique, social et concurrentiel a changé et entraîne le chômage. Mais ce n'est peut-être pas la modification majeure. Le changement majeur est d'ordre sociologique ou psychologique : les objectifs de vie des individus évoluent.

On est passé d'un besoin de « posséder des choses chères » à un besoin de « maîtriser son existence ».

La rupture qui se produit aujourd'hui, c'est que le chômage, la pression économique, l'impératif des résultats au sein de l'entreprise, sont contradictoires avec la maîtrise de l'existence. Le choix des possibles diminue : « On a du mal à trouver un emploi, on a du mal à conserver son emploi », « on doit accepter des situations de mal être », « on ne peut plus changer aussi facilement d'entreprise », « on hésite à prendre des risques ».

B. LES TURBULENCES

La vie des hommes est semée de turbulences. Nous donnons au mot turbulence la définition suivante : un problème qui ne trouve pas spontanément sa solution.

Schématiquement, on peut classer les turbulences en cinq types :

1) les turbulences familiales ;

2) sociales ;

3) professionnelles ;

4) corporelles ;

5) psychologiques.

Face à une turbulence, le premier réflexe d'un médecin ou d'un manager était de se demander « pourquoi ? ». L'école psychanalytique enseigne, en particulier, qu'il faut rechercher les causes des symptômes au cœur du passé et de l'inconscient des individus. L'école de Palo Alto, nous enseigne au contraire que la connaissance de l'environnement et du système social, professionnel ou familial dans lequel vit l'individu, est la clé à la résolution des problèmes. La pensée de l'école de Palo Alto pourrait être résumée par la phrase suivante :

« Il est plus important que l'individu comprenne son environnement que lui-même. »

Pour faire face à une turbulence professionnelle il est plus important de se demander « comment ? » (« comment faire face ? ») que « pourquoi ? » (même si les deux questions ne sont pas bien sûr contradictoires).

Pour aider son collaborateur à résoudre un problème ou faire face à une turbulence, le manager doit donc porter son attention sur le « comment ? » en suivant une méthodologie du type :

1) Définir le problème ;

2) Proposer et tenter des solutions ;

3) Trouver des signes de progrès et les valoriser.

Comment faire face à une turbulence ?

Du « POURQUOI ? » au « COMMENT ? »

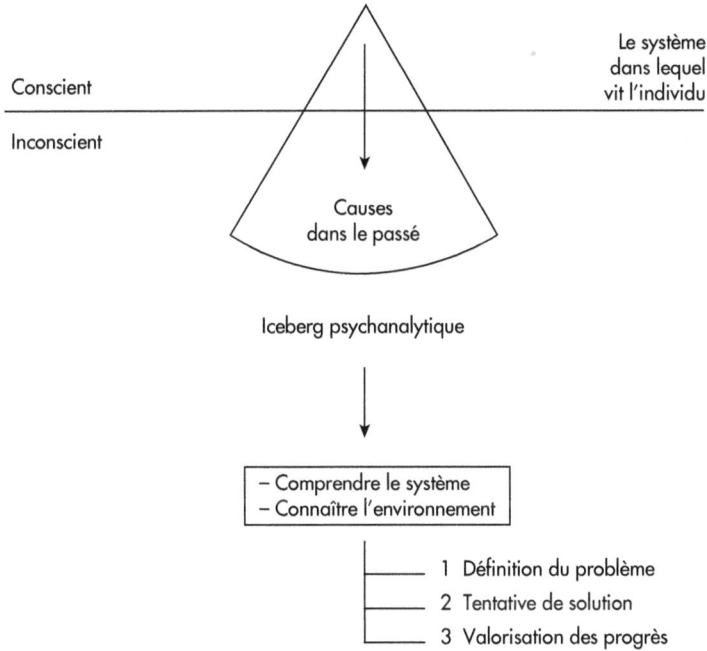

Conscient

Inconscient

Le système
dans lequel
vit l'individu

Causes
dans le passé

Iceberg psychanalytique

– Comprendre le système
– Connaître l'environnement

1 Définition du problème
2 Tentative de solution
3 Valorisation des progrès

8 PAS D'OBJECTIFS SANS MOYENS DE MESURE

César dictant : « *Quand tu vas commencer à mesurer le fond de la mer, fais bien attention de ne pas trop te pencher, et de ne pas tomber par-dessus bord – et là où ça sera trop profond, laisse un peu mesurer les autres.* »
Marcel Pagnol (Fanny, acte I, scène 14)

Nous n'insisterons jamais assez sur la nécessité impérative de pouvoir mesurer les objectifs fixés et d'évaluer les résultats à la fin de la période convenue entre le manager et le managé.

A. UN OBJECTIF NON MESURABLE N'EST PAS UN OBJECTIF

Puisque la fixation des objectifs sera suivie d'une évaluation, il est aussi important de définir les moyens de mesure et les critères d'évaluation que les objectifs eux-mêmes. Ceci est particulièrement valable pour les objectifs dits qualitatifs, qui sont, par essence, plus difficilement mesurables.

Néanmoins l'un des rôles du manager, quels que soient le niveau hiérarchique ou la complexité de la mission des collaborateurs, est de fixer à l'avance les critères d'évaluation des résultats obtenus.

Il est clair aussi que ces critères de mesure et d'évaluation doivent être communiqués et acceptés par le collaborateur.

Pour les objectifs difficilement quantifiables, le manager peut utiliser des critères comme le respect des délais, le respect des budgets ou les comparaisons avec les périodes passées, voire avec les autres collaborateurs.

B. UN EXEMPLE : LES MOYENS DE MESURE DES OBJECTIFS D'UN CHEF DE MARQUE

La fonction de chef de marque marketing est une fonction qui recouvre à la fois des aspects quantitatifs et qualitatifs. Alors qu'un vendeur peut être évalué sur des critères quantitatifs chiffrés, la mission d'un chef de produit ne peut se réduire à l'atteinte d'un plan chiffré, même si cela reste l'objectif prioritaire. On demande aussi à un chef de marque de réaliser des études, des films publicitaires, de développer des emballages, de développer des nouveaux produits, etc. En réalité on lui demande de faire faire par les autres (par l'agence de publicité, par l'agence de design, par l'institut d'études, par la R & D, etc.).

Fixer les domaines de contribution (les objectifs et les missions) d'un chef de marque marketing est une tâche relativement

Domaines de contribution du chef de marque
et moyens de mesure

Domaines de contribution	Moyens de mesure
1. La marque : Informations exhaustives sur le passé, présent et avenir.	Informations disponibles, à jour et opérationnelles. Banque d'informations informatique, *fact book*. Disponibilité et qualité des informations.
2. Stratégie de la marque : a) définition : positionnement des marques et expression opérationnelle du rôle de la marque ; b) recommandation du positionnement et des stratégies (pub, promo, vente, prix, communication, produit, ...) ; c) traduction en un plan opérationnel par objectifs : volume des ventes, part de marché, budget, marges.	Existence d'un « plan marque » contenant une stratégie cohérente (avec positionnement) et acceptée. Maintien de l'image de marque et franchise. Existence de recommandations formelles. Existence et réalisation du plan. Evaluation.
3) Profit de la marque : budget, marges, contribution.	Ecarts par rapport au plan.
4) Mise en œuvre des moyens produits : a) produit : Définition de la qualité du produit, maintien de la qualité ; b) packaging ; c) publicité/communication ; d) promotions ; e) distribution ; f) légalité des actions ; g) promotion de la marque.	a) Brief produit (description du produit) existant, à jour et accepté. Tests de produits conformes. Taux de réclamation consommateur et perte consommateur. Participation aux panels. b) Brief packaging existant et accepté. Tests emballages. c) Copy strategy validée et acceptée. Plan média. Evaluation, bilan de campagne, post-test. d) Qualité des plans promotionnels par rapport au positionnement. e) Existence d'un plan distribution et évaluation. f) Pas de désaccord avec la législation. g) Adhésion aux activités et actions proposées sur la marque.
5. Performance de l'équipe marketing : Contribue aux décisions, réflexions et fonctionnement de l'équipe marketing. Contribue à la formation, organisation et supervision des activités des assistants.	Cohérence des activités inter-marques prise en charge et réalisation d'un certain nombre d'objectifs d'intérêt plus large que la marque. Résultats obtenus et progression des assistants.

.../...

Domaines de contribution	Moyens de mesure
6. Esprit marketing : Porte-parole de sa marque à l'intérieur et à l'extérieur de la société. Favorise la qualité du travail des agences, de la R et D, de la Force de Vente, etc.	Existence d'actions concrètes d'information ou formation. Clarté du brief (agence, R & D), conseil marketing auprès de la force de vente.

facile. Définir les critères de mesure de chacun des domaines de contribution est plus difficile.

A partir de cet exemple nous proposons ci-après un tableau des domaines de contribution et des critères de mesure, dont on pourra s'inspirer pour d'autres fonctions, les objectifs étant aussi bien quantitatifs que qualitatifs.

9

DIFFÉRENCES ENTRE OBJECTIFS D'ENTREPRISE, OBJECTIFS PERSONNELS ET OBJECTIFS DE DÉVE-LOPPEMENT PERSONNEL

> « Le grand général est celui qui réussit et non celui qui aurait dû réussir. »
> Renan

Nous allons maintenant décrire les différences entre les trois types d'objectifs qui peuvent être fixés au sein d'une entreprise.

Les objectifs de l'entreprise sont les objectifs quantitatifs fixés par les instances dirigeantes (président, directeur général ou comité de direction) en accord avec ce que nous nommons les instances de tutelle (propriétaires, conseil d'administration, ministère, etc.). Le plus souvent ces objectifs sont financiers et serviront de référence à l'évaluation que les actionnaires et le marché pourront porter sur l'entreprise.

Les objectifs personnels (annuels quand la période de référence est l'année) sont ceux fixés aux collaborateurs, individuellement, quantitatifs ou qualitatifs, si possible SMAC, qui constituent à la fois le cadre de leur fonction et le but des missions qui leur ont été confiées.

Les objectifs que nous qualifions de « développement personnel » sont d'une autre nature. Ils n'ont pas d'effet direct à court terme sur les résultats de l'entreprise. Ils recouvrent l'ensemble des objectifs personnalisés que l'on fixe à un collaborateur dans le but d'améliorer son potentiel, ses compétences et ses aptitudes. Ils contribuent à augmenter l'autonomie et l'efficacité des collaborateurs pour leur permettre de se développer et ainsi, à terme, d'avoir un impact positif sur les objectifs d'entreprise.

Les objectifs de développement personnel visent à améliorer cinq types d'aptitudes :

● *les aptitudes techniques*, comme les connaissances linguistiques, informatiques :

– « améliorer l'anglais : être capable d'animer une réunion en anglais » ;

– « apprendre l'utilisation du nouveau logiciel de comptabilité : être capable de faire la prochaine clôture des comptes sur ce nouveau logiciel » ;

– « savoir utiliser les nouveaux outils bureautiques et les utiliser aussi facilement et rapidement que les précédents, dans trois mois ».

● *Les aptitudes relationnelles*, comme la communication orale, la capacité de persuasion, l'esprit d'équipe, l'écoute :

– « capacité à se faire accepter : reste maître de soi, ne s'irrite pas » ;

– « travailler efficacement avec les autres, même si le résultat n'est pas d'un intérêt direct pour soi » ;

– « s'exprimer efficacement en public ».

● *Les aptitudes managériales* comme la délégation, le contrôle, la planification, l'organisation et le développement des collaborateurs :

- « planifier et organiser les différentes missions de ses équipes pour atteindre les objectifs » ;
- « faire faire les choses par les autres » ;
- « développer les compétences des collaborateurs » ;
- « contrôler les résultats et donner les solutions pour les atteindre ».

● *Les aptitudes mentales* comme la capacité d'analyse, le sens de la synthèse, la créativité, le sens des réalités, l'initiative :

- « identifier les problèmes, rechercher les données pertinentes, découvrir les causes » ;
- « imaginer des solutions innovantes » ;
- « influencer les événements plutôt que les subir ».

● *Les aptitudes psychologiques* comme la flexibilité, la prise de risques, la tolérance à la pression, le sens de la décision, la ténacité :

- « apprendre à modifier son approche ou son style pour atteindre les objectifs » ;
- « prendre des risques calculés » ;
- « maintenir ses performances malgré la pression et les oppositions en contrôlant son attitude même dans les situations critiques » ;
- « persévérer jusqu'à l'atteinte des objectifs en suivant une ligne de pensée et en s'accrochant au problème ».

Les objectifs de développement personnel ont donc un impact indirect sur les résultats d'ensemble de l'équipe ou de l'entreprise, mais ils permettent, après évaluation, de cerner le potentiel des collaborateurs et d'identifier les futurs managers (voir dans le chapitre IX, de la troisième partie, l'évaluation de potentiel).

Troisième partie

_____

MANAGEMENT ET MOTIVATION PAR LES OBJECTIFS : LA MÉTHODE

1

FIXER LES OBJECTIFS

« *Gardez-vous de demander du temps,
le malheur n'en accorde jamais.* »
Mirabeau

Nous ne reviendrons pas dans ce chapitre sur la définition des objectifs SMAC, mais sur la nécessité de fixer les objectifs en début de période, de les rendre concrets, de les décomposer, de les organiser et de dénombrer et délimiter les tâches.

A. *EN DÉBUT DE PÉRIODE*

La fixation des objectifs individuels à chaque collaborateur se fait bien entendu au début de la période de référence, en général l'année. La fixation des objectifs se fera dans la foulée, ou idéalement en même temps que l'évaluation des résultats de la période qui s'achève. Il faut en effet garder en mémoire que l'évaluation des résultats sert autant à préparer le futur qu'à juger du passé.

La fixation des objectifs individuels, surtout pour les objectifs quantitatifs, ne peut intervenir qu'après la fixation des objectifs généraux de l'entreprise par le comité de direction. Après communication à l'ensemble des collaborateurs des objectifs généraux, chaque directeur fera redescendre ces objectifs en les individualisant.

Pour des objectifs qui suivent l'année calendaire, le calendrier opérationnel de fixation des objectifs peut s'établir de la manière suivante :

Octobre	Novembre	Décembre ou Janvier	...	Novembre
Fixation des objectifs globaux de l'entreprise.	Communication des objectifs globaux à l'ensemble des collaborateurs.	Fixation des objectifs individuels.	Contrôle.	Évaluation.

B. UN ÉCHANGE

Nous verrons dans le chapitre IV de cette partie, comment communiquer et négocier les objectifs individuels avec chaque collaborateur, avec en particulier, la différence à faire entre les objectifs négociables et non négociables.

Dans un premier temps la fixation des objectifs va donner lieu à un échange entre le manager et le managé. Selon le niveau d'autonomie du collaborateur, la fixation des objectifs suit une approche plus ou moins du haut vers le bas (« top down ») ou du bas vers le haut (« bottom up »). En effet si le collaborateur est faiblement autonome, le manager va fixer intégralement les objectifs ainsi que les moyens pour les atteindre. En revanche avec des collaborateurs très autonomes, le manager peut demander à ces derniers de fixer eux-mêmes leurs propres objectifs et se contenter d'approuver ou d'amender ces propositions.

Mais dans toutes les situations un échange aura lieu entre le chef et son collaborateur sur les objectifs et les moyens, que ce soit un échange de clarification, d'explication, de modification ou d'approbation.

Flux d'échange

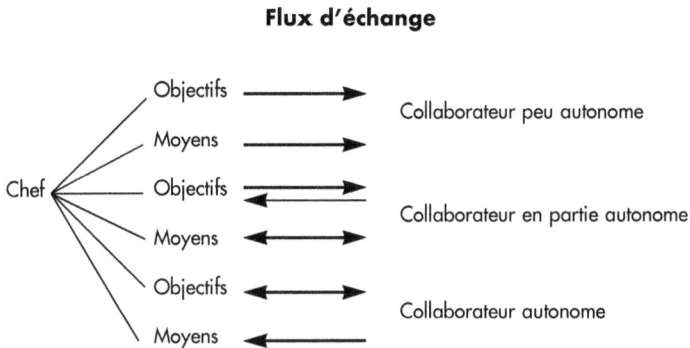

C. *RENDRE CONCRETS LES OBJECTIFS*

Sans insister à nouveau sur cette nécessité, nous rappellerons que les objectifs ne doivent pas être abstraits, et que plus ils seront opérationnels, plus ils auront une probabilité forte d'être atteints.

D. *DÉCOMPOSER, DÉTAILLER, ORGANISER*

Il faut essayer de décomposer les grands objectifs en autant de sous-objectifs que possible. Par exemple il faut décomposer :

« accroître les ventes de 10 % » en plusieurs sous-objectifs :

- « trouver 5 nouveaux clients » ;

et

- « passer d'une fréquence de vente de 5 à 6 clients par jour » ;

et

– « accroître l'assortiment en magasin de 24 à 25 ».

Pour un objectif qui n'est pas quantitatif, mais qui fixe une échéance ou un délai ou qui est complexe, le manager doit essayer de décomposer chaque étape en autant de sous-sections que nécessaire. Pour ce faire le manager :

– classifiera les tâches à réaliser ;

– dressera les différentes étapes de la réalisation ;

– planifiera les tâches.

Pour améliorer l'organisation des missions, et donc maximiser les chances d'atteindre les objectifs, la planification et l'anticipation des missions sont essentielles, surtout si le manager cherche à gérer efficacement le temps ainsi que les outils de travail et de contrôle de ses collaborateurs.

La décomposition des tâches se fera en :

– moyens humains ;

– moyens financiers ;

– moyens matériels ;

– moyens temporels.

2 Q.Q.O.C.Q.P

> « *Les questions montrent l'étendue de l'esprit,*
> *et les réponses sa finesse.* »
> Joubert

Derrière ces initiales se cachent les questions opérationnelles suivantes : Qui ? Quoi ? Où ? Comment ? Quand ? Pourquoi ?

Dans l'échange qui a lieu entre le chef et son collaborateur la méthode QQOCQP permet de servir d'aide-mémoire à la bonne communication des objectifs et à leur clarification et donc à leur meilleure compréhension. Cette méthode s'applique bien sûr en priorité aux projets importants ou aux missions complexes.

Qui ? Pour accomplir la mission confiée et atteindre l'objectif fixé, le manager et le collaborateur doivent s'entendre sur les personnes qui seront directement ou indirectement concernées par ladite mission. Le manager définira :

- les collaborateurs directs/indirects ;
- le nombre ;
- le profil ;
- les compétences ;
- les responsabilités des différents personnels.

Quoi ? C'est la définition du projet même ou de l'objectif à atteindre.

Où ? Cela peut concerner les voyages, les déplacements sur le terrain, la visite des sites.

Comment ? Ce sont l'ensemble des moyens (humains, financiers, matériels et temporels) mis à la disposition du collaborateur.

Quand ? Le manager et le collaborateur s'entendent sur des délais et un planning de réalisation. Pour les projets très complexes, un PERT peut être établi. Le manager pourra veiller à éviter la « procrastination » (du verbe anglais « procrastinate ») du collaborateur, c'est-à-dire la tendance à attendre le dernier moment pour accomplir la tâche. Un manager exigeant sur les délais a l'habitude de dire : « Qu'un travail prend le temps qu'on a le temps pour faire ce travail ».

Pourquoi ? Le manager doit expliquer, tout en restant crédible, les enjeux de la mission et des objectifs. La transparence dans ce domaine est un puissant facteur de cohésion et de confiance mutuelle. Il faut en particulier écarter toute exagération qui risque de faire perdre toute crédibilité au manager (« Si ce camion n'arrive pas à l'heure, l'entreprise entière fait faillite »).

En expliquant les enjeux, le manager précisera aussi la récompense prévue en cas d'atteinte de l'objectif.

3 HIÉRARCHISER

« Etre placé au-dessus des autres, n'est qu'une obligation
plus étroite de travailler pour les autres et de les servir. »
Louis Bourdaloue

A. RESPECTER LA LOI DE PARETO

Vilfredo Pareto, un économiste italien, a laissé aux sciences économiques sa célèbre loi sur le concept d'optimum économique :
« Quand il y a un grand nombre de contributions à un résultat, la
majorité de ce résultat est due à une minorité de contributions ».

Cette règle des 20/80 s'applique aussi dans la détermination des
objectifs : 20 % des tâches permettent d'atteindre 80 % des objectifs.

Il est donc évident que le manager et ses équipes chercheront
avant tout à accomplir en premier et en priorité ces 20 %. Ils
concentreront les moyens et l'attention managériale sur ces tâches
fortement contributives au résultat. La hiérarchisation des priorités
devient elle-même une priorité.

B. HIÉRARCHISER LES PRIORITÉS ET LES DISTINGUER DES URGENCES

Etablir la hiérarchie des priorités est, à tous les niveaux de l'entreprise, une tâche complexe et souvent douloureuse.

Tout d'abord parce que tout le monde dans l'entreprise, en fonction de ses intérêts propres ou de ceux de son équipe, n'a pas la même vision des priorités. Trouver un consensus sera souvent long et difficile.

Ensuite parce que, très souvent, hiérarchiser c'est en fait à la fois choisir et abandonner. Une entreprise ou une équipe peut rarement tout bien faire : lancer dans l'année tous les nouveaux produits prévus, construire les 5 nouvelles lignes de production en même temps, etc. Or, l'exigence de qualité prime sur la quantité.

Enfin, parce que la croissance de la complexité et des interactions entre les différents projets et priorités laissent penser qu'on est obligé de tout faire pour atteindre l'objectif ou que l'abandon d'un projet secondaire peut faire capoter l'ensemble des projets.

Nous avons connu, au sein de comités de direction, des débats extrêmement longs sur la hiérarchisation des projets entre les différentes directions de l'entreprise. Le même débat se retrouve dans les choix des stratégies et des moyens qui doivent ensuite être mis en œuvre pour mener à bien les projets.

Au niveau des individus et de leurs activités quotidiennes, on mélange trop souvent les priorités et les urgences. Une priorité est une mission qui a un impact fort sur l'atteinte des objectifs majeurs. Une priorité non atteinte peut gravement perturber les objectifs de l'entreprise ou l'objectif numéro un de l'équipe. Une urgence est une mission qui doit être remplie rapidement mais qui n'a pas d'impact considérable sur l'atteinte des objectifs. Quand il y a pénurie de ressources humaines ou financières, les missions prioritaires doivent passer avant les missions urgentes.

© Éditions d'Organisation

Se noyer dans les urgences aux dépens de l'accomplissement des priorités est le signe d'une mauvaise organisation et d'une mauvaise anticipation de l'activité.

Il peut évidemment exister des priorités urgentes !

4 COMMUNIQUER ET NÉGOCIER LES OBJECTIFS INDIVIDUELS

« Plus une décision est difficile à faire passer, plus il faut faire attention à la manière dont on la fait passer. »
P. Drucker

A. COMMUNIQUER OU VENDRE?

Nous l'avons dit la fixation des objectifs doit donner lieu à un échange entre le chef et son collaborateur.

Mais la simple communication des objectifs ne suffit pas. Durant l'entretien où le manager va fixer ou approuver les objectifs, l'adhésion du collaborateur doit être obtenue, et si possible par la conviction et non par l'autorité. Plus les objectifs sont ambitieux, plus le manager devra les « vendre ». En l'occurrence il s'agit plus de « convaincre que de vaincre ».

Cette phase de vente ou de négociation doit suivre un cheminement logique et rigoureux, surtout pour les objectifs ambitieux et pour les collaborateurs eux-mêmes managers, ayant des responsabilités et très compétents.

1. Préparer

Comme dans toute négociation, la préparation prime l'action. La fixation des objectifs annuels succédant à l'évaluation des résultats et se faisant donc dans le même lieu, le manager aura préparé par écrit les objectifs qu'il souhaite fixer au collaborateur. Il pourra aussi avoir donné connaissance par écrit de ces objectifs aux collaborateurs quelques jours auparavant pour que ceux-ci puissent aussi préparer l'entretien. Nous le rappelons le but est de convaincre et non de vaincre. Meilleure sera l'adhésion du colla-borateur, meilleures seront les chances de réussite.

Le manager préparera aussi les questions et les objections pos-sibles. Il devra anticiper les questions et préparer les réponses adéquates.

2. Questionner

Avant communication des objectifs individuels, le manager vérifiera par quelques questions que le collaborateur a bien com-pris le contexte global dans lequel vont se situer ses objectifs. Le manager pourra ainsi rappeler la situation globale de l'entreprise, ses perspectives à long et court terme et ses objectifs à venir. Le manager décrira rapidement aussi les objectifs de l'équipe, ses principales missions ainsi que sa structure.

3. Convaincre

Le manager fixera les objectifs. Il répondra aux questions en les reformulant, et insistera d'abord sur la faisabilité des objectifs. Cette démonstration de la faisabilité sera, si possible, faite avec des preuves (démonstration chiffrée, factuelle). Ensuite le mana-ger montrera les avantages que l'atteinte des objectifs procurera à l'entreprise, à l'équipe et à l'individu lui-même. Enfin le manager, pour insuffler la motivation nécessaire au collaborateur, lui annon-cera les bénéfices que le collaborateur pourra recevoir s'il atteint les objectifs. A ce moment de la négociation il faut donc avoir prévu et annoncer une récompense. Celle-ci peut être une augmentation de salaire, une perspective d'évolution, un bon classement dans les collaborateurs à potentiel sur lesquels l'entreprise construira son futur, un élargissement des responsabilités, plus de liberté, etc.

Dans tous les cas, nous ne saurons trop insister sur la nécessaire clarté des objectifs par écrit (« ce qui se conçoit bien, s'énonce clairement »).

4. Utiliser le *feed-back*

Il est essentiel de vérifier deux choses, une fois que la communication et la discussion s'achèvent.

Tout d'abord il faut vérifier que le message est bien passé. L'important n'est pas ce qu'on a dit, mais ce qui est compris.

Ensuite, il faut bien vérifier que le managé a les capacités et les connaissances suffisantes pour accomplir la mission.

5. Conclure

La réunion doit se terminer dans un climat de confiance en donnant l'énergie nécessaire à l'accomplissement des objectifs. Après avoir fixé les prochaines étapes de contrôle ou de travail, le collaborateur doit s'approprier les objectifs qui lui ont été fixés, et devenir un acteur de ces objectifs. Il faut faire sentir au collaborateur qu'il n'est pas le simple exécutant des objectifs, mais le « maître » de ses objectifs et de ses moyens, même si cette « maîtrise » s'exerce dans un cadre, dans des délais et avec des règles dûment définis. Le manager ne doit jamais oublier que *toute communication n'existe que par l'effet qu'elle suscite.*

B. *LE NÉGOCIABLE ET LE NON NÉGOCIABLE*

La question revient fréquemment chez tous les managers et les managés : peut-on négocier les objectifs ?

Si oui, on parlera d'objectifs négociables, si non, d'objectifs non négociables.

La réponse dépend en fait de trois facteurs :

- tout d'abord de l'importance même des objectifs individuels sur l'atteinte des objectifs globaux de l'entreprise. En général, nous dirons que les objectifs quantitatifs sont difficilement négociables. L'échange entre le collaborateur et son chef doit se terminer. Si la force de conviction ne suffit pas, le manager devra utiliser la force hiérarchique. Cela pourra créer des frustrations ou une baisse de l'appropriation des objectifs par le collaborateur, mais il faut rester réaliste, la vie professionnelle est faite de contraintes. Mais si les objectifs fixés sont qualitatifs et ont peu d'impact sur les résultats globaux, la négociation peut s'installer ;

- ensuite du niveau d'autonomie du collaborateur. On ne négocie pas les objectifs avec un collaborateur peu autonome. En revanche un collaborateur très autonome peut, soit lui-même fixer ses objectifs et les proposer à son chef, soit les fixer avec ce dernier. Le chef n'a la supériorité ni de l'intelligence, ni des compétences, ni de la clairvoyance. Il n'a que la supériorité de la responsabilité et de la décision finale ;

- enfin, du niveau hiérarchique. Ne nous leurrons pas, un membre d'un comité de direction négocie plus facilement ses objectifs qu'un simple employé à la comptabilité. Cela ne veut pas dire que celui-ci, en tant que personne, n'a pas droit au même respect et à la même considération, mais que ses responsabilité directes sur les résultats de l'entreprise sont seulement moindres.

Mais si d'une manière générale, les objectifs sont plutôt non négociables, il n'en va pas de même pour les moyens.

Mis à part les cas exceptionnels, comme les débutants, les moyens sont presque toujours, en partie ou en totalité, négociables. Pour les individus particulièrement autonomes, les moyens peuvent être même délégués. Pour un budget fixé par exemple avec le manager, le collaborateur autonome peut, à l'intérieur de cette « enveloppe », décider de lui-même des affectations et des choix sous-budgétaires sans en avoir à en référer à son chef. Les changements d'organisation avec l'annonce de la mise en place d'un nouvel organigramme ne sont pas négociables. En revanche, la disposition des bureaux, l'organisation physique et matérielle des conditions de travail peuvent laisser place à la discussion.

C. GÉRER LES CONFLITS SUR LES OBJECTIFS

Il peut exister des cas, suite à une différence de vue sur les objectifs, où un conflit surgit entre le manager et le managé. Pour gérer cette situation nous recommandons de revenir aux A et C des objectifs SMAC.

Nous l'avons dit les objectifs doivent être accessibles, si possible dans les faits, au moins au niveau de la perception. Mais dans quelques situations, certains objectifs doivent être imposés aux collaborateurs, parce qu'il en va de la réussite de l'entreprise ou de la mise en œuvre des stratégies choisies. Ces objectifs ne sont pas négociables, même s'ils paraissent inaccessibles (parfois le manager se les est vu imposer par sa propre hiérarchie). Un conflit sur ce type d'objectifs ne peut perdurer. Le chef doit conclure et a toujours le dernier mot en cas de conflit, au besoin en faisant appel à son propre chef.

L'entreprise n'est pas un forum démocratique, même celles qui ont la réputation d'être extrêmement consensuelles : la preuve, le chef n'est pas élu. Il ne faut pas confondre participation avec pouvoir, ni recommandation avec décision. Le chef peut participer ses collaborateurs à la fixation des objectifs, au choix des stratégies et à la définition des moyens. Il peut déléguer ses pouvoirs, il ne peut déléguer ses responsabilités.

Par exemple, on peut donner le pouvoir à son collaborateur de représenter le chef dans une conduite de réunion ou de projet. Mais si le projet échoue, les responsabilités en incombent au chef. C'est à lui que la direction générale demandera des comptes en premier lieu : **le pouvoir se délègue, les responsabilités jamais.**

La gestion d'un conflit peut aussi se régler en évaluant avec son collaborateur la cohérence de l'objectif conflictuel.

Un objectif doit être cohérent avec :
– les objectifs de l'entreprise ;
– les objectifs des autres personnes de l'équipe ;
– les autres objectifs attribués à la même personne.

En passant l'objectif conflictuel à ce crible, on doit, en principe, résoudre le conflit. Si l'objectif conflictuel n'est pas cohérent avec les objectifs généraux de l'entreprise ou ceux des autres personnes de l'équipe, le manager doit s'interroger sur la pertinence de l'objectif conflictuel. S'il y a seulement incohérence avec un ou plusieurs des autres objectifs fixés au collaborateur, le manager peut modifier cet objectif ou les autres.

En revanche s'il y a parfaite cohérence sur les trois niveaux, le conflit peut masquer trois constats :
– un manque de compétences réel ou perçu. Le collaborateur n'est pas capable d'accomplir la mission ou d'atteindre les objectifs. Dans ce cas le manager devra lui apporter son aide et surtout lui promettre son soutien et sa formation dans la réalisation du projet. Parfois, dans des cas extrêmes, il faudra donner cet objectif à un autre collaborateur. Si le collaborateur, pourtant compétent, ne se sent pas capable d'atteindre l'objectif, le chef devra lui donner confiance, l'accompagner

dans le lancement de son travail et valoriser systématiquement les signes de succès et les étapes franchies;

- un manque de motivation. Le chef pourra résoudre le conflit
toujours en redonnant un sens à l'objectif. Mais pour les cas
extrêmes de démotivation totale, le conflit ne pourra être
résolu que par l'autorité, voire la sanction;

- une incohérence entre l'objectif fixé et les propres intérêts du
collaborateur. Dans ce cas la négociation n'est pas acceptable. Le conflit doit être tranché par une décision du chef –
même si elle est autoritaire.

5 ÉTABLIR LES MOYENS DE MESURE

« Ce que je veux savoir avant tout ce n'est pas si vous avez échoué mais si vous avez su accepter votre échec. »
A. Lincoln

Le « baromètre » des résultats doit être accepté par le collaborateur. Les critères d'évaluation et les moyens de mesure peuvent être fixés ensemble. On peut même demander au collaborateur de définir lui-même les moyens de mesure sur lesquels seront évalués ses résultats.

Pour les objectifs quantitatifs, les moyens de mesure seront chiffrés :

- niveau de vente ;
- parts de marché ;
- profit ;
- respect des budgets ;
- écart par rapport au plan ;
- marges ;
- volume et unité de production ;
- taux de qualité ;
- nombre de commandes traitées ;

- volume des stocks ;
- exactitude des comptes ;
- etc.

Pour les objectifs qualitatifs, il est encore plus nécessaire que le collaborateur et son chef conviennent ensemble de critères d'évaluation :

- qualité et respect des délais pour les documents frappés ;
- qualité du classement des dossiers et disponibilité de l'information ;
- persistance de recommandations formelles pour améliorer la qualité ;
- existence de propositions formelles de nouvelles idées ;
- etc.

6 SUIVRE ET CONTRÔLER

« Qui contrôle le passé contrôle l'avenir. »
Aldous Huxley

A. DÉLÉGUER C'EST AUSSI CONTRÔLER

Un manager ne peut attendre la fin de l'année pour évaluer, une seule fois, les résultats.

Durant toute la période de référence, le manager doit fixer des dates et une méthodologie de contrôle. Même les collaborateurs autonomes, à qui on a délégué ses pouvoirs, ont besoin d'être contrôlés. Le contrôle et le suivi sont une nécessité à la fois pour le manager et le managé. Les collaborateurs ont en effet besoin de se sentir épaulés par leur chef. Un suivi actif doit servir à aider et non pas sanctionner. Il permettra au chef de proposer des solutions, voire de modifier les moyens.

B. ANTICIPATION ET PLANIFICATION

Ces deux mots doivent guider l'action du manager qui suit et contrôle les résultats par rapport aux objectifs.

© Éditions d'Organisation

Pour les projets complexes il peut même utiliser la méthode PERT ou la méthode du chemin critique que nous mentionnons ici seulement à titre d'exemple pour les projets sophistiqués.

La méthode du chemin critique

Mission : Voyage à l'étranger

Activité	Contenu	Lié à l'activité	Est suivi par l'activité	Nombre de jours
1	Demander le passeport	–	2	
2	Obtenir le passeport	1	5	30
3	Demander les billets d'avion	–	4	
4	Recevoir les billets	3	5	20
5	Aller à l'aéroport	2 et 4	6	0,5
6	Départ	5	–	

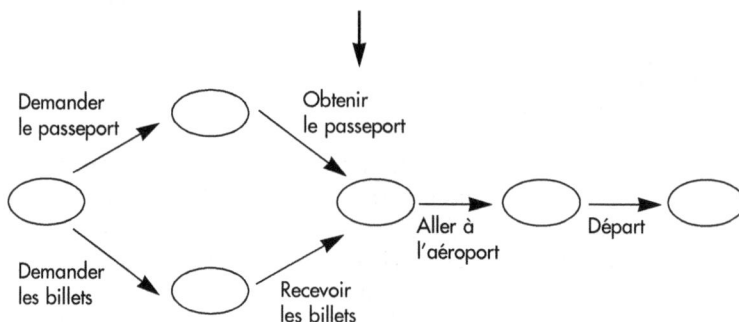

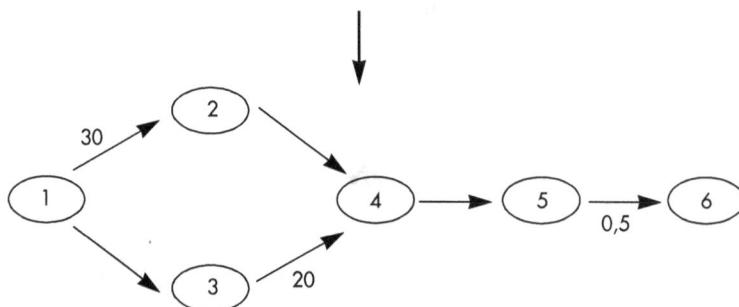

C. LA FRÉQUENCE DE SUIVI

La fréquence de suivi (une fois par semaine, par mois, par trimestre ou semestre) dépend :

– du type d'activité ;

– de la complexité du projet ;

– du niveau d'autonomie du collaborateur.

Selon la combinaison de ces trois facteurs, le manager et le managé conviendront ensemble de la fréquence de suivi.

Par exemple pour une activité du type, nouveau projet, ou lancement d'un nouveau produit, la vérification des résultats lors du démarrage de l'action pourra se faire au jour le jour. D'une manière générale les phases de lancement et les phases pionnières requièrent une fréquence de suivi élevée.

De même que les projets extrêmement complexes comme les changements de systèmes informatiques au sein de l'ensemble de l'entreprise.

Pour un débutant, le suivi de l'activité peut avoir lieu plusieurs fois par semaine, voire quotidiennement.

D. UN OUTIL SIMPLE : LA « PROJECT LIST » OU « LISTE PROJET »

Pour suivre l'activité de ses collaborateurs par rapport aux objectifs fixés, nous recommandons d'utiliser un outil simple et fréquemment utilisé dans les entreprises : la « Project List » ou « Liste Projet ». Elle est établie par le collaborateur qui la soumet et la présente à son chef à date régulière et fixée d'un commun accord (une fois par semaine, par quinzaine, par mois, etc.). Généralement, une fois par quinzaine semble être la bonne périodicité.

La Liste Projet précise les différentes activités, leur état actuel, les prochaines étapes, les délais et les responsables.

La Liste Projet est présentée par le collaborateur à son chef et fait l'objet d'une discussion. Elle est réécrite à chaque période, la précédente étant comparée avec la suivante, puis détruite.

Son format doit être simplifié au maximum, elle doit être succincte et très opérationnelle. C'est un outil de travail et en aucun cas un formulaire bureaucratique. Quand elle devient inutile ou qu'elle n'est pas utilisée, il est préférable de l'abandonner, mais on se demande alors comment le manager fait pour contrôler le travail de ses collaborateurs et surtout comment il atteint ses objectifs. Une Liste Projet active sert de référence au travail quotidien de chaque collaborateur. Certains managers, en dehors de leurs propres dossiers, ne possèdent, sur l'activité de leur collaborateur, que les Listes Projets.

Liste projet				
du : 1er mars au : 15 mars		préparée par : Paul Durand		
Projet	**État actuel**	**Prochaine étape**	**Délai**	**Responsable**
Brochure institutionnelle	Textes écrits. Brief écrit.	Définir illustrations. Briefer agence d'édition.	30 mars 20 mars	P. Durand/ service photo. P. Durand.
Budget	Analyse du passé faite. Analyse des besoins faite.	Recommandation budgétaire à écrire. Présentation à faire.	10 avril 22 avril	P. Durand/ service finance P. Durand.
etc.				

7 MODIFIER OU ADAPTER LES OBJECTIFS

« L'objection, l'écart, la joyeuse méfiance, l'ironie sont des signes de santé : tout absolu relève de la pathologie. »
Nietzsche

A. PEUT-ON CHANGER LES OBJECTIFS ?

Nous traitons ici bien sûr des changements d'objectifs survenant en cours de période.

Les changements d'objectifs généraux de l'entreprise, bien que peu souhaitables, restent toujours possibles, que ce soit à la hausse ou à la baisse. Nous l'avons dit le futur est de moins en moins prévisible et les horizons de planification se raccourcissent.

Les stratégies d'entreprise devront non plus se faire sur la base de plans à objectifs uniques, mais intégrer, dès le départ, différents scénarios.

Un changement des objectifs généraux de l'entreprise, à la hausse ou, ce qui est plus fréquent, à la baisse, doit entraîner les changements adéquats au niveau des objectifs individuels. La flexibilité sera une donnée-clé du management des hommes et de la gestion des entreprises dans le futur.

Plus que le changement d'objectifs, c'est la façon de communiquer ce changement qui importe. Les managers à nouveau auront à expliquer, convaincre et motiver.

B. PEUT-ON ADAPTER LES OBJECTIFS AUX COLLABORATEURS ?

C'est une question qui revient souvent dans tous les séminaires sur le management par les objectifs et la méthode.

Cette interrogation provient sans doute d'une idée fausse de la valeur des hommes et des femmes dans l'entreprise. Les hommes et les femmes qui composent une entreprise, et surtout la somme de leurs compétences et de leur intelligence, constituent sans conteste une des premières richesses de l'entreprise avec les produits et les marques. Mais ce qui est aussi important que les ressources humaines elles-mêmes, c'est la façon de manager ces hommes et ces femmes. Il n'y a rien de cynique à écrire que les ressources humaines sont des moyens, décisifs dans la guerre concurrentielle et la recherche des avantages compétitifs, mais au service d'une logique d'objectifs, généralement économiques.

Les objectifs sont fixés par des hommes, exécutés par des hommes, évalués par des hommes, pour des hommes, mais les hommes peuvent-ils constituer un objectif en soi ? Cela justifierait par exemple que l'on fixe les objectifs individuels en fonction de chaque individu responsable de les atteindre. Cela ne peut être le cas. La logique d'entreprise est sévère, on ne peut pas partir des compétences et des intelligences existantes pour fixer les objectifs. Cela n'a rien d'inhumain.

Au contraire cela implique seulement, qu'une fois les objectifs fixés, il appartient à l'entreprise et à tous les managers, quel que soit leur niveau, de développer les compétences et les intelligences humaines. C'est admettre que le potentiel de développement des hommes et des femmes n'est pas figé dans l'absolu, une fois pour toutes. Le seuil de Peters n'est que relatif. Nous ne croyons pas et nous nous élevons contre le principe de Peters et son seuil d'incompétence.

On atteint un seuil d'incompétence ou plutôt d'inefficacité, ou mieux encore de manque d'autonomie, seulement dans un contexte donné, avec des moyens donnés, un manager donné, un système de management donné, un climat de confiance donné, un niveau de motivation donné, etc.

Si on change ou si on améliore une de ces variables, on élèvera le potentiel de tout individu. Manager par les objectifs et la méthode c'est croire au potentiel (schématiquement : compétence + intelligence) des hommes et des femmes. Face à un objectif donné, il appartient donc aux entreprises et aux managers de choisir les collaborateurs capables d'atteindre ces dits objectifs, de les former et de les développer et aussi de leur donner les bons moyens pour atteindre ces objectifs.

Un management par objectifs, s'il se veut efficace dans un monde complexe et en crise, doit obligatoirement s'accompagner d'un management par la méthode où l'on enseigne et forme des collaborateurs et où l'on crée la situation favorable au développement du potentiel des hommes et des femmes et plus encore à leur épanouissement personnel.

Le progrès de l'entreprise et l'ambition de ses objectifs passent par le progrès des hommes et des femmes.

Il s'agit donc moins d'adapter les objectifs aux collaborateurs que d'adapter les moyens aux hommes et aux femmes.

C. *REDÉFINIR LES REGLES*

Tout changement d'objectif s'accompagne en principe d'un changement des moyens et exige une redéfinition des règles sur lesquelles seront jugés les collaborateurs.

Mais ce changement des règles du jeu, doit rester simple. C'est pour cette raison que nous avions recommandé de faire pratiquer le management par objectifs de manière opérationnelle et non bureaucratique. La feuille d'objectifs, la Liste Projet et les fiches d'évaluation doivent rester simples, concises et toujours orientées vers l'action. Quand ces outils ne sont plus utilisés il faut les abandonner.

Mais en cas de changement d'objectifs généraux, la redéfinition des missions et des objectifs-clés de chacun, s'il y a lieu, doit être faite. Cet exercice peut paraître long et fastidieux mais c'est pourtant le gage d'une réussite plus grande et de beaucoup de temps gagné dans le futur.

8 ÉVALUER LES OBJECTIFS

« Soyez indulgent pour les autres et sévère pour vous. »
Mickiewicz

A. LA FIN DU « MYTHE »

L'évaluation des résultats des collaborateurs et son corollaire direct, l'entretien d'évaluation annuel, doivent à la fois être désacralisés et vidés de leur routine bureaucratique.

L'évaluation des objectifs oscille en fait entre deux extrêmes et entre deux types de management.

Pour certains, l'évaluation annuelle des résultats n'est qu'un exercice bureaucratique imposé, peu objectif ou impartial, qui fait perdre du temps et qui ne sert à rien. Une fois remplies, dans beaucoup d'entreprises, les fiches d'évaluation sont perdues au fond des armoires du département du personnel sans aucune utilité. Dans beaucoup d'entreprises on peut entendre : « De toute façon ça ne sert à rien, c'est mon chef qui décide », « je ne suis pas évalué sur mes résultats, mais sur autre chose », etc.

A l'autre extrême, la période d'évaluation annuelle, dans certaines entreprises, prend la forme d'un rituel sacré et d'une période à l'intensité très forte. C'est la période où les collaborateurs vont s'enfermer, en tête-à-tête, parfois pour la première fois de l'année, avec leur manager. Ces entretiens qui restent secrets assez peu longtemps, ont une importance parfois démesurée, puisque dans ce contexte exacerbé, ils vont devenir les juges de paix des promotions, des augmentations de salaire ou des licenciements. Les collaborateurs de ces entreprises qui ont institué ce point de rendez-vous en « le sommet de l'année » où tout se joue, dorment peu les veilles d'entretien et sortent de ces séances décisives au plus haut point, soit avec des mines déconfites, soit avec des sourires difficilement masqués. Leurs collègues les attendent comme des candidats qui viennent de passer un oral à un examen : « Alors comment ça s'est passé ? ».

Ces deux pratiques extrêmes sont à condamner. L'entretien d'évaluation ne doit être ni une procédure bureaucratique ni le seul moment de relation décisive entre le manager et le managé.

Dans notre conception du management par les objectifs et par la méthode, l'entretien d'appréciation est l'aboutissement d'un échange régulier entre le manager et le managé qui a permis tout au long de l'année écoulée de rechercher ensemble les moyens et les solutions pour atteindre les objectifs. Mais c'est surtout la première pierre de la construction du futur.

B. PRÉPARER LE FUTUR

L'évaluation des résultats et l'entretien d'appréciation servent autant à juger le passé qu'à préparer le futur. Ce sont des points de départ et non des points d'arrivée.

Certes ils permettent de juger le passé pour évaluer les résultats du collaborateur et donc décider des « récompenses » éventuelles. Mais ils permettent surtout de juger si les moyens et les stratégies décidés et mis en œuvre étaient pertinents. Ceci est capital, puisque très souvent, d'une année sur l'autre, les objectifs se res-semblent ; l'évaluation permet de faire un bilan des moyens utili-sés ou non utilisés et de décider lesquels seront mis en œuvre pour l'année suivante.

Car l'entretien d'évaluation ne sert pas de constat. Si les objec-tifs ont été suivis régulièrement et méthodiquement tout au long de l'année passée, il ne peut y avoir de surprises lors de cet entre-tien. Un manager qui découvrirait les résultats de son collabora-teur au cours de cet entretien aurait une conception du manage-ment assez lointaine. L'indépendance qu'il donnerait à ses équipes friserait plutôt l'indifférence.

C. LA PRÉPARATION DE L'ENTRETIEN

Encore une fois la préparation prime l'action.

1. Définir le but de l'entretien

Durant la phase de préparation, le manager doit penser à quoi il veut aboutir à la fin de l'entretien. Encore une fois le manager ne se tourne vers le passé que pour mieux lancer l'année à venir. Il ne tire des leçons du passé que pour mieux préparer les plans d'actions du futur. Le manager est un générateur de mouvements et pas un « rétroviseur ».

Globalement le manager aura à préparer cinq choses :

– *Les objectifs et les moyens pour la prochaine période* d'appréciation.

Ces objectifs seront le résultat de l'individualisation et de la diffusion des objectifs généraux de l'entreprise. Les principaux moyens découlent des leçons du passé : ce qui a marché et ce qui n'a pas marché.

– *Une liste de faits.*

Le manager, durant l'appréciation des résultats, devra éviter de mettre en avant des impressions, des sentiments ou des interprétations. Il devra, au contraire, dans un premier temps, se contenter des faits : d'une part les faits positifs, c'est-à-dire tous les exemples de résultats positifs et réalisés ; d'autre part les faits négatifs, c'est-à-dire les absences de résultats.

Par exemple, à l'affirmation : « J'ai l'impression que tu n'as pas su communiquer avec tes vendeurs » le manager préférera l'affirmation : « Lors du séminaire de juin, ton discours public a été mal perçu et la réunion s'est mal passée ».

– *Un plan de développement et de formation* pour l'année à venir.

C'est un point fondamental et pourtant très fréquemment oublié ou mal traité. Or d'un point de vue de gestion et optimisation des ressources humaines, le plan de développement personnel ou de formation est aussi important que la décision sur le salaire.

Le plan de développement personnel a pour but d'indiquer les compétences techniques, relationnelles, managériales ou mentales que le collaborateur doit développer (renforcement d'aptitudes déjà possédées), améliorer (correction de points faibles constatés) ou acquérir (apprentissage de compétences non possédées) pour atteindre les objectifs des périodes futures et pour être promu. Dans le plan de développement personnel peuvent figurer la ou les formations nécessaires pour accroître les compétences, renforcer les forces ou remédier aux faiblesses du collaborateur.

Le plan de développement personnel permet de repérer les compétences et les points forts du collaborateur ainsi que ses faiblesses ou ses aptitudes à se développer. Le manager et son collaborateur devront se mettre d'accord sur les priorités : soit continuer à augmenter les forces, soit améliorer les faiblesses.

Le plan de formation, qui a pour but le développement des compétences, se bâtira autour de trois axes :

– Que va faire le collaborateur lui-même pour se former et se développer (assister à des séminaires, lire, se documenter, s'entraîner à une nouvelle activité, rejoindre un projet d'équipe, etc.)?

– Que va faire le chef pour former son collaborateur (l'assister dans ses activités, venir avec lui aux réunions majeures, l'aider dans la préparation, lui faire présenter un projet en public, lui confier une mission spécifique, etc.)?

– Que peut lui apporter une formation spécifique et adaptée (lui payer un stage, un séminaire, etc.)?

Le plan de formation et de développement personnel devra, dans le temps et d'année en année, respecter les quatre phases essentielles de l'apprentissage par l'être humain.

Les 4 phases d'apprentissage

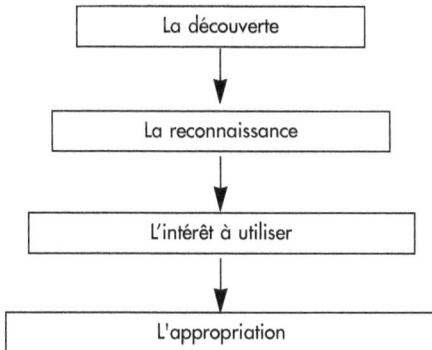

```
┌─────────────────────────────┐
│      La découverte           │
└─────────────────────────────┘
              │
              ▼
┌─────────────────────────────┐
│      La reconnaissance       │
└─────────────────────────────┘
              │
              ▼
┌─────────────────────────────┐
│      L'intérêt à utiliser    │
└─────────────────────────────┘
              │
              ▼
┌─────────────────────────────┐
│      L'appropriation         │
└─────────────────────────────┘
```

Plan de Développement personnel

Objectifs	Moyens	Résultats attendus
Améliorer la capacité à gérer des équipes.	Séminaire de management par les objectifs et la méthode.	Améliorer l'atteinte des objectifs de ses équipes.
Apprendre les techniques de recrutement.	– Participation au recrutement des stagiaires avec le responsable du personnel. – Séminaire de formation aux techniques de recrutement.	Recruter les bons collaborateurs. Former d'autres collaborateurs au recrutement.
Apprendre l'utilisation du logiciel Word.	Séminaire de formation.	Peut utiliser le nouveau système informatique.
Mieux résister au stress et à la pression.	– Encadrement du supérieur dans les situations difficiles. – Gestion du temps. – Préparation et anticipation des objections.	Ne perd pas son efficacité dans les situations conflictuelles.
etc.		

– *Sa décision sur les impacts salariaux.*

Le manager, en fonction de la politique de rémunération de l'entreprise (contraintes existantes, grille, etc.) et après entretien avec la direction des ressources humaines aura à décider d'une augmentation de salaire.

– *Sa décision sur les promotions, l'élargissement de responsabilité ou le changement de fonction.*

Grosso modo il peut y avoir trois types de développement pour le collaborateur (nous omettons volontairement ici les « évolutions négatives » comme la perte de responsabilité, la rétrogradation ou le licenciement) : la promotion à un poste hiérarchiquement supérieur (le simple vendeur devient chef des ventes), l'élargissement des responsabilités et des missions (le contrôleur de gestion dans son poste actuel intègre le service audit), le changement de fonction (le responsable de la formation devient responsable du recrutement ou le vendeur devient chef de produit).

Nous recommandons néanmoins de lier les décisions sur l'évolution à la fois aux conclusions de l'entretien d'appréciation des résultats et à l'entretien d'évaluation du potentiel du collaborateur.

2. Une conduite rigoureuse et sereine des deux côtés

L'entretien d'appréciation devra être aussi préparé par le collaborateur. Il suivra une progression efficace vers les buts à atteindre et mentionnés ci-dessus.

Ce n'est pas un « interrogatoire » destiné à remplir un imprimé. Ce n'est pas non plus une « aimable conversation » à « bâtons rompus ».

D. LE DÉROULEMENT DE L'ENTRETIEN

Le manager aura pris soin de réserver une salle bien à l'avance, en dehors de son bureau pour ne pas être dérangé et à un moment serein (non précédé ou suivi de rendez-vous difficiles ou d'échéances majeures ou stressantes).

Le climat restera détendu tout en étant professionnel. Le manager aura bien sûr en tête le but qu'il s'est fixé et la proposition de salaire et d'évolution qu'il réserve à son collaborateur. L'entretien ne pourra pas bien sûr être mené sur un ton humoristique et détendu si l'on annonce une rétrogradation.

Enfin, les séquences présentées ci-dessus ne doivent pas avoir un aspect trop mécanique et trop scolaire. Les séquences présentées servent de fil conducteur et non de mots à suivre à la lettre.

1. Les références de l'entretien

Pendant l'entretien d'appréciation, le manager et son collaborateur disposeront des documents suivants qui serviront de référence au bilan de l'année écoulée :

- les appréciations des résultats de l'année précédente, avec en particulier :
  - les objectifs opérationnels,
  - les objectifs de développement personnel,
  - le plan de développement personnel,
  - l'assistance prévue par le manager et le plan de formation.
- l'évaluation du potentiel ;
- les points de repère intermédiaires et l'environnement :
  - les points de suivi réalisés au cours de l'année ;
  - les objectifs de l'équipe ;
- la description des contributions-clés du poste et des missions majeures.

2. Rappel des objectifs prioritaires définis pour l'année écoulée

Le manager demandera au collaborateur de rappeler très rapidement les objectifs prioritaires et les principaux moyens définis ensemble.

3. Bilan des résultats

Le manager et son collaborateur feront tout d'abord la liste des résultats positifs avec les difficultés rencontrées, les solutions trouvées et les contributeurs.

Ils passeront ensuite aux résultats négatifs avec les difficultés rencontrées, les solutions trouvées, les actions correctrices et les contributeurs.

Lors du bilan des résultats, il ne faudra pas manquer de mentionner les facteurs ayant influencé les résultats.

– Les moyens disponibles et fixés ont-ils été bien mis en œuvre ?

– Quelle a été l'influence de l'environnement de travail sur les résultats ?

– En quoi l'organisation et le fonctionnement de l'équipe ont-ils joué ?

– En quoi les relations dans le travail avec le manager et les autres équipes ont-elles joué ?

– Quel a été l'impact des événements extérieurs ?

4. Les objectifs suivants

L'entretien d'appréciation des résultats se termine toujours par la projection dans le futur. La priorité doit être maintenant donnée à l'année à venir :

1. Fixation des objectifs opérationnels : en partant des objectifs généraux de l'entreprise et de l'équipe, le manager fixe les objectifs SMAC avec son collaborateur ;

2. Fixation des moyens à prendre et des principales actions à mener pour atteindre les objectifs définis ;

3. Fixation du plan de développement personnel et du plan de formation.

A ce point de l'entretien, le manager doit donner confiance, quelles que soient les décisions prises sur le salaire ou l'évaluation du collaborateur.

E. APRÈS L'ENTRETIEN

Pour résumer par un mot ce qui doit se passer après l'entretien nous serions tentés de dire : « Au Travail ! ». En effet, désormais le manager et ses équipes vont devoir se retrousser les manches pour atteindre les objectifs de l'année à venir.

Néanmoins, au préalable, quand les objectifs ont été atteints et que les résultats sont positifs, il ne faudra pas oublier de *faire la fête*! Le temps est venu de célébrer et récompenser. Car si l'on parle quelquefois des spirales de la défaite, on doit aussi évoquer – et donc célébrer – les spirales de la victoire. La victoire appelle la fête qui elle-même appelle la motivation et donc la victoire.

En cas d'objectifs non atteints, le manager cherchera à déculpabiliser les hommes (en utilisant par exemple le « nous » ou le « on » et en s'associant aux résultats), à analyser les échecs et surtout à tirer les enseignements qui permettront de rectifier le tir. Il n'y aura pas dramatisation – ni bien sûr à l'inverse banalisation – des résultats négatifs.

Les suggestions qui ont été faites sur l'organisation, les modes de fonctionnement et les relations de travail seront prises en considération par le manager et, dans certains cas, au plus haut niveau de l'entreprise. En outre le choix des moyens sera évoqué car c'est de leur mise en œuvre dont dépend l'atteinte des objectifs.

Schéma simplifié d'appréciation des résultats annuels

1. Préparation
 – définir le but de l'entretien : objectifs de la prochaine période et plan de développement personnel ;
 – liste des faits : résultats positifs et négatifs ;
 – impact sur salaire ;
 – impact sur promotion.

2. Choisir le moment et le lieu

3. Disposer des références
 – appréciation des résultats de l'année précédente ;
 – bilan de l'évaluation de potentiel ;
 – plan et points de repère intermédiaires.

4. Rappel des objectifs prioritaires de l'année écoulée

- objectifs opérationnels ;
- objectifs d'amélioration personnelle ;

5. Bilan des résultats

- positifs d'abord ;
- négatifs ensuite ;
- analyse des facteurs explicatifs internes et externes.

6. Fixation des objectifs suivants

- fixation des objectifs opérationnels ;
- fixation des moyens ;
- fixation des objectifs d'amélioration personnelle ;
- fixation des plans de développement personnel et de formation.

7. Décisions ultérieures

- augmentation de salaire ;
- promotion (après évaluation du potentiel).

↓

FÊTE

↓

AU TRAVAIL

9 DISTINCTION ENTRE APPRÉCIATION DES RÉSULTATS ET ÉVALUA-TION DU POTENTIEL

« Quand vous pensez qu'il faut dire « non », dites « non ».
Mais dites-le gentiment. »
Lacan

A. CORRÉLATION ENTRE POTENTIEL ET ATTEINTE DES RÉSULTATS

L'évaluation du potentiel des individus est différente de l'appréciation des résultats. Mais il y a incontestablement corrélation entre le potentiel d'un individu et l'atteinte des résultats.

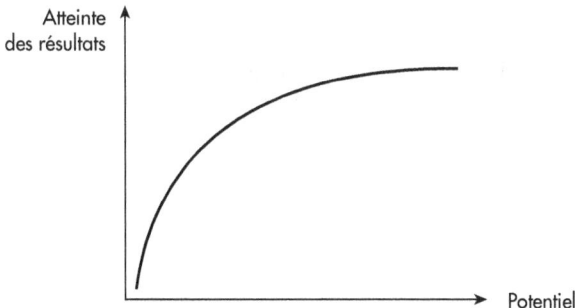

En effet, le plus souvent, les individus à fort potentiel sont ceux qui atteignent le plus facilement leurs objectifs. Ceux qui atteignent régulièrement, voire systématiquement leurs objectifs, sont souvent ceux qui ont le plus fort potentiel.

Néanmoins l'évaluation du potentiel ne peut coller intégralement à l'appréciation des résultats.

Tout d'abord, certains individus à potentiel peuvent connaître des échecs sur certaines missions ou sur certaines périodes.

Ensuite, au contraire, certains individus à potentiel moyen peuvent atteindre des objectifs moyennement ambitieux ou sur lesquels leur contribution directe a été faible.

Enfin, un individu qui a atteint tous ses objectifs dans un poste donné n'est pas forcément apte à en occuper un autre supérieur ou à être promu. Cette règle reste valable quel que soit le niveau hiérarchique concerné. Par exemple un très bon ouvrier peut faire un médiocre contremaître. De même un excellent vendeur peut être incapable de manager d'autres vendeurs. On sait aussi les difficultés qu'éprouve un entrepreneur qui a réussi à créer et développer son entreprise lors d'une phase pionnière, à se transformer en dirigeant gestionnaire d'une grande structure en phase de maturité.

Cela signifie simplement que les compétences techniques et cognitives diffèrent selon les postes.

B. QU'EST-CE QUE LE POTENTIEL ?

Le potentiel professionnel d'un individu est sa capacité à évoluer au sein de l'entreprise, à être promu et à devenir manager puis dirigeant.

L'appréciation des résultats jugent les actions. L'évaluation de potentiel juge les hommes. Sachant que très souvent les hommes ne valent que par leurs actes.

© Éditions d'Organisation

Le potentiel est la somme d'un certain nombre de compétences (aptitude à communiquer, à diriger, à organiser, etc.) et de son intelligence (capacité d'analyse, esprit de synthèse, clairvoyance, intuition, créativité, etc.).

Potentiel

=

Compétences	+	**Intelligence**
– connaissance des langues		– capacité d'analyse
– compétences commerciales		– esprit de synthèse
– compétences financières		– intuition
– aptitude à communiquer		– vision
– aptitude à diriger		– créativité
– etc.		– etc.

Il n'est pas dans l'objet de cet ouvrage de donner une liste de critères permettant d'identifier les individus à potentiel. Chaque entreprise a ses propres critères pour définir la notion de potentiel ou d'intelligence.

Globalement, néanmoins, on peut dire que le potentiel d'un individu, c'est-à-dire sa capacité à évoluer à un poste hiérarchiquement plus élevé, n'est pas, selon nous, une donnée figée et absolue. Le principe de Peters n'est selon nous que relatif.

De même que la motivation d'un individu peut varier selon le contexte et évoluer avec le temps ou que les compétences peuvent augmenter selon la formation dispensée ou les expériences vécues, le potentiel d'un individu dépend de plusieurs facteurs.

Facteurs influençant le potentiel

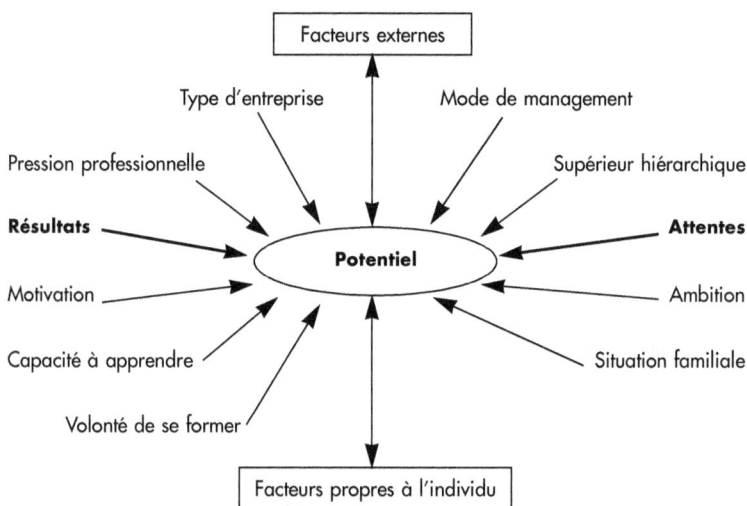

```
                    ┌─────────────────┐
                    │ Facteurs externes│
                    └─────────────────┘
          Type d'entreprise          Mode de management

Pression professionnelle                    Supérieur hiérarchique

Résultats        ╭─────────────────╮        Attentes
                 │    Potentiel    │
Motivation       ╰─────────────────╯        Ambition

Capacité à apprendre                    Situation familiale

    Volonté de se former
                    ┌──────────────────────────┐
                    │ Facteurs propres à l'individu│
                    └──────────────────────────┘
```

Cela veut donc dire qu'un individu peut être jugé à faible potentiel dans une entreprise donnée où on lui confiera des missions peu motivantes ou inadaptées à ses compétences ou ses motivations, et pourra avoir un fort potentiel dans une autre entreprise dont les modes de management lui conviendront mieux.

Nous devons être résolument optimiste quand il s'agit d'évaluer le potentiel professionnel des individus. Celui-ci est souvent plus élevé que ne le laisse supposer la réalité quotidienne. Certains diront que, placé dans des situations idéales au niveau de l'environnement, tout individu possède un potentiel de développement illimité.

C. À QUOI SERT L'ÉVALUATION DE POTENTIEL ?

L'appréciation des objectifs permet d'évaluer la personne par rapport à son poste et sa capacité à l'occuper et à remplir les missions qu'on lui confie.

L'évaluation de potentiel a pour but d'identifier :

1. Les futurs chefs ;

2. La capacité de la personne à changer de fonction ;

3. La capacité de la personne à accroître ses responsabilités.

L'appréciation des résultats s'appuie, nous l'avons vu sur un ensemble de données et de faits fixés au préalable (objectifs, moyens définis, facteurs explicatifs, etc.).

L'évaluation du potentiel est un exercice plus difficile qui doit néanmoins être aussi objectif et efficace que possible. En effet, l'identification des futurs managers est une condition *sine qua non* de la réussite et de la pérennité des entreprises qui se veulent performantes.

Il existe beaucoup de méthodes pour évaluer le potentiel des collaborateurs (tests, jury composé des dirigeants, bilan de potentiel, etc.) ainsi que de nombreux critères permettant de mieux cerner leur potentiel. Notre propre expérience nous permet de dire que les principaux critères permettant d'évaluer ce potentiel évolue autour de cinq grands axes :

1. Leadership

Le *leadership* est lui-même un critère peu aisé à définir. Le *leadership* renseigne sur la capacité de l'individu à diriger. C'est sa capacité à influencer les choses et à inspirer les hommes. Le leadership est très souvent la somme de quatre qualités :

– la compétence professionnelle ;

- le dynamisme inné ;
- le respect fondamental d'autrui ;
- l'intérêt sincère porté aux hommes.

Dans l'évaluation du potentiel, le leadership est un critère nécessaire mais non suffisant. Mais c'est aussi un critère éliminatoire dans l'identification des futurs dirigeants.

2. L'imagination

Dans son recueil de poèmes « Charmes » Paul Valéry cite deux vers de Pindare en épigraphe du « Cimetière marin » :

« Ô mon âme, n'aspire pas à la vie immortelle, mais épuise le champ du possible. ».

L'imagination et la créativité sont la capacité à élargir le « champ du possible » et à créer de nouvelles possibilités sans jamais cesser d'être pragmatique.

Aujourd'hui dans un monde économique en crise et dans la guerre concurrentielle, nous pensons que l'imagination, la créativité et la capacité à inventer et innover sont les premières qualités des dirigeants à tous les niveaux (gouvernement, fonction publique, entreprise, école, etc.). Il faut ressortir le vieux slogan de mai 68 : « L'imagination au pouvoir », sans ses vieux démons. La France ne résoudra le chômage que par un effort d'imagination individuel et collectif sans précédent.

L'individu « imaginatif » apporte des améliorations et des changements dans ses missions, et ce d'une façon caractéristique et originale (même pour les tâches de routine). Il est surprenant et original dans l'approche des problèmes. Il dit rarement : « Ce n'est pas possible ». Il montre de l'intérêt pour les idées des autres, sans être complaisant ni indifférent.

3. Le survol

Le survol est l'aptitude à prendre de la hauteur vis-à-vis des problèmes et à les situer dans un contexte élargi, en repérant les conséquences de portée plus générale.

Les individus ayant ces qualités essaie d'abord d'avoir une vue d'ensemble des données disponibles et plus ou moins cohérentes. Ils vont directement au cœur des problèmes car ils interprètent les faits dans leur ensemble.

4. Analyse et synthèse

L'analyse est l'aptitude à transformer, décomposer et à reformuler un problème d'apparence complexe de telle manière qu'il devient opérationnel.

La synthèse est l'aptitude à tirer des conclusions simples et peu nombreuses d'une analyse approfondie et critique de tous les aspects significatifs d'un problème.

5. Le sens des réalités

C'est l'aptitude à interpréter les informations données, sur lesquelles l'individu doit fonder son action en tenant pleinement compte des réalités de la situation.

Celui qui a le sens des réalités ne croira pas ce qu'il désire. Il approchera les situations objectivement et verra les choses toujours dans leurs proportions véritables, même s'il est question d'un engagement personnel ou émotionnel. En faisant et exécutant ses projets il ne surestimera ni ne sous-estimera ni ses capacités ni celles des autres.

L'évaluation de potentiel est certes différente dans ses finalités de l'appréciation des résultats mais toutes deux sont complémentaires. Elles ont en commun la projection vers le futur.

Un bon management par les objectifs et par la méthode doit tenir compte des capacités et du potentiel des individus. Le management n'est pas une science absolue mais une science relative, en situation et surtout évolutive.

Conclusion

« Seul est digne de son pouvoir celui qui le justifie
jour après jour. »
Hammarskjold

Le management par les objectifs et la méthode est une condition doublement nécessaire à l'efficacité et à la croissance des entreprises. Dans un contexte international, il faut bien développer un langage, des méthodes et des comportements communs permettant de mobiliser des collaborateurs de nationalité, d'origine et de culture différentes.

Dans cet ouvrage nous avons voulu expliquer les fondements et la méthodologie pour implanter et pratiquer un management des ressources humaines plus efficace mais aussi plus humain. Les deux aspects ne sont pas incompatibles. Au contraire ils sont absolument nécessaires à une époque où, d'un côté, les entreprises sont confrontées à une situation économique difficile et à une concurrence accrue et où, d'un autre côté, les hommes et les femmes qui composent ces entreprises sont confrontés à la pression, à l'insécurité du monde du travail et au risque du chômage.

L'expression « management par les objectifs et par la méthode » que nous avons créée, recouvre cette volonté d'efficacité dans la sérénité du management des hommes.

Il est nécessaire que tous les types d'organisation mettent en place un système de management des ressources humaines fondé sur la fixation, la négociation, le suivi et l'évaluation des objectifs : que ce soit dans les entreprises commerciales, les entreprises publiques, l'école, la recherche, etc. Selon les organisations, l'intensité d'un tel management reposera plus ou moins sur la négociation, la concertation, la recherche du consensus ou sur la fixation plus directive des objectifs.

La mondialisation et l'exacerbation de la concurrence ont conduit et vont conduire à la libéralisation de grands marchés jusque-là protégés : les télécommunications, l'énergie, les transports, les services postaux, etc. Tous les managers de ces entreprises devront renforcer leur souci d'efficacité et du résultat, dont font preuve heureusement beaucoup d'entre eux. L'Etat lui-même, s'il veut continuer à jouer son rôle de protecteur social, devra améliorer ses performances de gestion. Les réformes nécessaires devront intégrer en premier lieu l'introduction des méthodes de management plus « scientifiques » et plus tournées vers le résultat, qualitatif ou quantitatif.

Mais ce management par les objectifs serait incomplet et selon nous, inefficacement stressant, s'il ne s'accompagnait aussi d'un management par les moyens et la méthode. Le rôle d'un manager ne se borne pas à la définition et au contrôle des objectifs. Les managers doivent aussi aider. Cette aide passe aussi par le « comment faire ? ». Fixer le cap, donner un sens mais aussi donner les moyens. La motivation et l'efficacité des équipes sont à ce prix : un chef qui dirige mais qui aussi accompagne.

En ces périodes de difficultés économiques, les entreprises vont redécouvrir qu'un meilleur management des ressources humaines constitue un avantage compétitif. (« Les guerres peuvent être faites avec les armes, mais elles sont gagnées par les hommes », George Patton). L'équipe au travail forme un système complexe où les interactions humaines deviennent aussi décisives que les technologies, les investissements ou les politiques commerciales.

La motivation, facteur fondamental de réussite ou de croissance, n'est jamais un hasard. Les équipes pour gagner ont besoin tout d'abord de voir que leur travail est utile et a un sens. Ensuite elles ont besoin de se sentir personnellement responsables du travail qu'elles réalisent. Enfin, ces deux conditions ont toutes les chances d'être inefficaces s'il n'y a pas une relation d'échange et de rétroaction avec le manager.

D'après certains chercheurs de l'école de Palo Alto, 50 % du temps serait gaspillé dans les entreprises à résoudre les problèmes de relations humaines et jusqu'à 20 % du chiffre d'affaires serait perdu à cause de ces mêmes problèmes. Sans pouvoir démontrer la validité de ces pourcentages, combien d'économies, de richesses, de potentiel inexploité et de gisements de croissance ne pourrait-on exploiter par une meilleure gestion des hommes et des femmes ?

Et si une partie du chômage était elle aussi due à une peur de manager les hommes et aux difficultés quotidiennes qu'on éprouve dans l'entreprise à fédérer, animer et motiver les équipes ? Car pour diriger les hommes il faut les aimer, pour paraphraser la formule de Saint-Exupéry (« Aimez ceux que vous commandez », *Vol de nuit*).

Le glossaire
du manager motivationnel

Adaptabilité : aptitude à rester efficace quels que soient les changements de mission, de responsabilité, d'interlocuteur ou d'environnement ; aptitude à s'accommoder assez facilement aux nouveaux outils, aux nouvelles méthodes ou aux changements.

Analyse des problèmes : aptitude à identifier les problèmes, à rechercher des données et informations pertinentes.

Analyse transactionnelle : méthode psychothérapique fondée notamment sur l'idée que les échanges interpersonnels sont basés sur des relations comparables à des transactions parent – adulte - enfant.

Apprendre (capacité d') : assimilation et application des nouveautés.

Attitude : prédisposition mentale, favorable ou défavorable, à l'encontre de quelque chose ou quelqu'un. Elle se forme par le biais des influences reçues depuis l'enfance et des expériences vécues.

Autonomie : en management, peut se définir comme la somme des compétences et de la motivation. C'est la capacité pour un individu à atteindre les objectifs qui lui ont été fixés ou qu'il s'est fixé lui-même.

Autorité : qualité et ascendant par lesquels on se fait obéir.

Behaviorisme : courant de psychologie qui a pour objet l'étude du comportement (de *behavior* qui signifie comportement en anglais).

Besoin : état de tension ou de manque qui se traduit par une action ou un comportement.

Comportement : ce qu'une personne dit ou fait, ou ne dit pas ou ne fait pas, quand cela est nécessaire. C'est l'ensemble des réactions observables en réponse à une stimulation interne ou externe.

Compulsion : impulsion irrésistible à accomplir un acte contraire au bon sens.

Contrôle : aptitude à savoir quand il faut contrôler les actions ou les personnes, et à exercer ce contrôle.

Créativité : aptitude à imaginer des solutions, à innover, à avoir des idées différentes.

Délégation : aptitude à faire faire des choses par les autres et à décider quand on peut déléguer, et à qui.

Dépression : sentiment complexe, allant de la misère morale à un profond abattement et un profond désespoir ; s'accompagne souvent de sentiments plus ou moins irraisonnés de culpabilité, d'échec et d'indignité. La dépression, chez les cadres par exemple, s'accompagne généralement de troubles de sommeil et de l'appétit, et d'un ralentissement de l'ensemble des processus physiologiques.

Ecoute : aptitude à discerner ce qui est important dans ce que dit l'interlocuteur.

Energie : aptitude à « travailler dur » avec dynamisme et résistance.

Esprit d'équipe : aptitude à travailler efficacement avec les autres ; volonté de participer en tant que membre à un groupe dont on n'est pas nécessairement leader ; capacité à contribuer effectivement, même si le résultat n'est pas d'un intérêt direct pour soi.

Flexibilité : aptitude à modifier son approche ou ses méthodes en fonction de l'objectif visé.

Implication : aptitude à accomplir des efforts supérieurs à la moyenne, même si ce n'est pas pour y trouver un avantage personnel.

Indépendance : aptitude à fonder son action sur sa conviction plutôt que sur le désir de plaire ; aptitude à remettre en question la ligne du « parti ».

Initiative : aptitude à influencer plutôt que subir les événements ; à repérer et exploiter les opportunités.

Intelligence : trois définitions pour « nourrir » la réflexion des managers et des managés :
« *L'intelligence c'est l'imprévisible* » Michel Serres.
« *L'intelligence c'est ce que mesurent les tests* » Alfred Binet, l'inventeur du QI.
« *L'intelligence, ce n'est pas seulement ce que mesurent les tests, c'est aussi ce qui leur échappe.* » Edgar Morin.

Jeux à somme nulle : situations dans lesquelles le gain d'un joueur égale toujours la perte de son adversaire, ce qui veut dire qu'on se trouve en présence de la rivalité pure, puisque la perte d'un joueur est le gain de l'autre.

Jugement : aptitude à évaluer des données, de manière impartiale et rationnelle.

Leadership : capacité à influencer les choses et inspirer les hommes. Le leadership est très souvent la somme de quatre qualités : la compétence professionnelle, le dynamisme inné, le respect fondamental d'autrui, l'intérêt sincère porté aux hommes.

Manager : d'après l'AMA (American Management Association), manager c'est « canaliser des ressources humaines et matérielles dans des unités organisées et dynamiques. D'une part pour atteindre leurs objectifs à la satisfaction de ceux pour qui le travail se fait, d'autre part en visant au meilleur moral possible chez les exécutants. »

Motivation : ensemble des facteurs, conscients ou inconscients, qui incite l'individu à agir de telle ou telle façon. En psychologie, d'après Albert Collette, la motivation est un « terme général qui englobe tout ce qui pousse l'individu vers certains buts, certaines orientations, certaines finalités, en provoquant des comportements adaptés à ces aspirations. »

Persuasion : aptitude à présenter des faits ou des idées de façon claire et convaincante ; parvenir à convaincre les autres de la validité de son point de vue, obtenir leur accord.

Planification et organisation : aptitude à ordonnancer le travail (des autres ou de soi-même) pour atteindre les objectifs.

PNL : programmation neurolinguistique, méthode permettant de comprendre à partir de signaux externes, comportementaux et linguistiques, l'organisation interne et les processus mentaux d'un individu.

Potentiel : capacité à évoluer au sein de l'entreprise et à être promu. Le potentiel est la somme des compétences et de l'intelligence.

Pouvoir : autorité et puissance de droit ou de fait détenue sur les autres ou les choses.

Responsabilité : capacité de prendre des décisions sans en référer préalablement à une autorité supérieure.

Sensibilité interpersonnelle : aptitude à tenir compte des sensibilités et des besoins des autres.

Stress : processus « neurobiologique » qui incite un individu à la lutte ou à la fuite quand il est confronté à un événement.

Ténacité : aptitude à persévérer pour atteindre un objectif.

Théorie des jeux : outil mathématique servant à l'analyse des relations sociales de l'homme ; introduit en 1928 par von Neumann et appliqué, à l'origine, aux stratégies de la prise de décisions dans le comportement économique, il est maintenant utilisé pour toutes sortes de comportements interpersonnels.

Tolérance à la pression : aptitude à rester performant dans des situations difficiles et à contrôler son comportement.

Traumatisme : choc affectif qui laisse une marque durable dans l'esprit du collaborateur.

Les citations
du manager motivationnel

« L'exemple n'est pas le meilleur moyen pour diriger les hommes, c'est le seul. » A. Schweitzer

« La méthode, c'est l'intelligence du temps. » F. Nietzsche

« Volonté, ordre, temps : tels sont les éléments de l'art d'apprendre. » M. Prévost

« La véritable éducation consiste à tirer le meilleur de soi-même. » Gandhi

« Rien n'existe, tout devient. » Hegel

« L'homme « sain » n'est pas celui qui a éliminé de lui-même les contradictions ; c'est celui qui les utilise et les entraîne dans son travail. » M. Merleau-Ponty

« Dire que l'homme est un composé de force et de faiblesse, de lumière et d'aveuglement, de petitesse et de grandeur, ce n'est pas en faire son procès, c'est le définir ! » D. Diderot

« La nécessité qui est la mère de l'invention... » Platon

« Les raisons d'agir sont comme les rouages d'une machine. Plus il y en a, plus la machine est fragile. » Lessing

« Un défaut qui empêche les hommes d'agir, c'est de ne pas sentir de quoi ils sont capables. » Bossuet

« Robespierre a dit hardiment qu'il n'avait rien fait au 2 septembre. En actes, rien, cela est vrai. Mais, en paroles, beaucoup, et ce jour-là, les paroles étaient des actes. » J. Michelet

« Seuls les médiocres sont toujours à leur maximum. » T. Maulnier

« Il vaut bien mieux faire et se repentir, que se repentir et ne rien faire. » N. Machiavel

« Les conséquences de ce qu'on ne fait pas sont les plus graves. » Marien

« C'est un leurre de croire que les gens moyens ne sont capables que d'actes moyens. » G. Bernanos

« La décision est souvent l'art d'être cruel à temps. » H. Becque

« Ne fit-on que des épingles, il faut être enthousiaste de son métier pour y exceller. » D. Diderot

« En tout métier, ou noble ou vil, il importe d'être énergique. » Chiang Lei

« Le génie est fait de dix pour cent d'inspiration et quatre-vint-dix pour cent de transpiration. » T. Edison

« L'homme vraiment supérieur, c'est l'homme circonspect lorsqu'il délibère, parce qu'il pèse tous les risques possibles, mais audacieux lorsqu'il agit. » Hérodote

« Après le verbe « aimer », « aider » est le plus beau verbe du monde. » B. von Suttner

« L'expérience ressemble au cure-dents : personne ne peut s'en servir après vous. » R. Dorgelès

« Dans le doute, dites la vérité. » M. Twain

« Les hommes n'ont pas besoin de vérité, mais de « certitudes » et d'explications. » H. de Montherlant

« L'objection, l'écart, la joyeuse méfiance, l'ironie sont des signes de santé : tout absolu relève de la pathologie. » Nietzsche

« L'autorité ne procède que de la responsabilité. Si un homme doit répondre de ce qu'il fait et en répond, il a de l'autorité. » A. Makarenko

« La compétence sans autorité est aussi impuissante que l'autorité sans compétence. » G. Le Bon

« La confiance doit venir d'en bas et le pouvoir d'en haut. » Abbé Sieyès

« Seul est digne de son pouvoir celui qui le justifie jour après jour. » Hammarskjold

« Quand on veut gouverner les hommes, il ne faut pas les chasser devant soi ; il faut les faire suivre. » Montesquieu

« Une des erreurs que peut commettre un chef d'entreprise, c'est de se croire le seigneur de l'affaire qu'il dirige. » A. Detoeuf

« C'est la force qui donne des titres, et non les titres qui donnent de la force. » N. Machiavel

« Il faut aimer si l'on veut être aimé. » H. d'Urfé

« Tout pouvoir vient d'une discipline et se corrompt dès qu'on en néglige les contraintes. » R. Caillois

« Au moment précis où je cesse d'être moral, je perds tout pouvoir. » Goethe

« Il n'y a que les montagnes qui ne se rencontrent jamais. » Proverbe

« Ce sont les passions et non les intérêts qui mènent le monde. » Alain

« Mieux vaut limiter les ordres, mais tout ordre donné doit être scrupuleusement respecté. » Saxe

« A gouverner les hommes de trop haut, on perd l'habitude de les regarder. » M. Druon

« Pour faire de grandes choses, il ne faut pas être un si grand génie ; il ne faut pas être au-dessus des hommes ; il faut être avec eux. » Montesquieu

« Il faut estimer ce que l'homme fait, et non pas ce qu'il peut faire. » Proverbe

« Le respect ce n'est pas les autres qui vous le donnent, c'est vous qui le fabriquez. » S. Bonnaire

« On ne fait pas ce qu'on veut et pourtant on est responsable de ce qu'on est : voilà le fait. » J.-P. Sartre

« L'anarchie est partout quand la responsabilité n'est nulle part. » G. Le Bon

« Un athlète ne peut arriver en compétition très motivé s'il n'a jamais été mis à l'épreuve. » Sénèque

« Faire confiance est une preuve de courage, être fidèle un signe de force. » Ebner-Eschenbach

« Le cynisme détruit l'efficacité. » M. Allais

« Soyez indulgent pour les autres et sévère pour vous. » Mickiewicz

« Le grand général est celui qui réussit et non celui qui aurait dû réussir. » Renan

© Éditions d'Organisation

« Ce que je veux savoir avant tout ce n'est pas si vous avez échoué mais si vous avez su accepter votre échec. » A. Lincoln

« Quand l'œuvre des meilleurs chefs est achevée, le peuple dit : c'est nous qui avons fait ça. » Lao Tzu

« Les galères font le galérien. » V. Hugo

« Ne pas penser à la place des autres mais susciter chez eux des idées. » M. Godet

« Ce n'est pas la technique qui représente le vrai danger pour la civilisation, c'est l'inertie des structures. » Louis Armand

« Heureux les princes qui souffrent un conseil amer. » Mirabeau

« Le vrai patron est quelqu'un qui se mêle passionnément de votre travail, qui le fait avec vous, par vous. » J. Romain

« Gardez-vous de demander du temps ; le malheur n'en accorde jamais. » Mirabeau

« Le pouvoir s'il est amour de la domination, je le juge ambition stupide. Mais s'il est acte de créateur et exercice de la création (…) alors le pouvoir je le célèbre. » Saint-Exupéry

« Quand vous pensez qu'il faut dire « non », dites « non ». Mais dites-le gentiment. » Lacan

« Je me suis souvent repenti d'avoir parlé, mais jamais de m'être tu. » P. de Commynes

« Parler est un besoin, écouter est un art. » Goethe

« Plus une décision est difficile à faire passer, plus il faut faire attention à la manière dont on la fait passer. » P. Drucker

« Outre mon intérêt ma parole m'engage. » Rotrou

« Promettre et tenir mène les gens bien loin. » Marivaux

« Allume ta prunelle à la flamme des lustres ; Allume le défi dans le regard des rustres. » Baudelaire

Et de Philippe Villemus :

« Le pouvoir se délègue, les responsabilités non. »

« La délégation n'exclut pas le contrôle. »

« La ténacité est une grande qualité, l'entêtement un énorme défaut. »

« On a les collaborateurs que l'on mérite. »

« En management, il vaut mieux expliquer comment il faut faire les choses que d'expliquer ce qu'il faut faire ; la politique c'est le contraire. »

« Dans l'ordre, la rigueur, la discipline et la bonne humeur, rien ne saurait nous arriver. »

« Vous rigolez des genoux. »

La bibliographie du manager motivationnel

Manager en toutes lettres, F. Aélion

L'analyse transactionnelle, J-M Vergnaud et P. Blin

Les motivations, A. Mucchielli

Le développement humain dans l'entreprise, P. Jardillier

Introduction à la psychologie du travail, J. Leplat

Comprendre la PNL, C. Cudicio

Les outils de base de l'analyse transactionnelle, D. Chalvin

Managing recruitment, E. Sidney

Faire passer un entretien de recrutement, P. Villemus

Créations commerciales et publicitaires : mode d'emploi, P. Villemus

Les cadres ; la formation d'un groupe social, L. Boltanski et L. Thévenot

Traité de psychologie du travail, M. Bruchon-Schweitzer

La sociologie cognitive, A. Cicourel

De la division du travail social, E. Durkheim

Introduction à la psychologie dynamique, A. Collette

Le béhaviorisme, J.B. Watson

La psychologie telle que le béhavioriste la voit, J.B. Watson

Science et comportement humain, B.F. Skinner

Le comportement verbal, B.F. Skinner

Cours de philosophie positive, A. Comte

Principes du comportement, C.L. Hull

Peut-on gérer les motivations ?, M. Sandra

La théorie mathématique de la communication, C. Shannon

Motivation et personnalité, Maslow

La logique de l'honneur, P. d'Iribarne

La motivation et ses nouveaux outils, J.D. Chiffre,

Le culte de la performance, A. Ehrenberg

Les Cadres de l'expérience, E. Goffman

Introduction à la psychanalyse, S. Freud

L'Unité de l'homme, E. Morin

La Connaissance de la connaissance, E. Morin

Le Tiers instruit, M. Serres

Vers une écologie de l'esprit, G. Bateson

Types psychologiques, C. Jung

La dimension cachée, E.T. Hall

La clef des gestes, D. Morris

Le langage du changement, P. Watzlawick

Une logique de la communication, P. Watzlawick, J.Helmick Beavin et D. Jackson

Changements : Paradoxes et psychothérapie, P. Watzlawick, J. Weakland et R. Fisch

Comment réussir à échouer, P. Watzlawick

Faites vous-même votre malheur, P. Watzlawick

Les nouvelles élites de la mondialisation, A.C. Wagner

La gestion des cadres en Europe, F. Bournois

Les jeux du pouvoir et du désir dans l'entreprise, E. Enriquez

Les managers, D. Xardel, Grasset

Le pouvoir et la règle, E. Friedberg, Seuil

La relation à l'autre, D. Schnapper

Dans quelle société vivons-nous ?, F. Dubet et D. Martuccelli

Index

www.ingramcontent.com/pod-product-compliance
Lightning Source LLC
Chambersburg PA
CBHW060534210326
41519CB00014B/3213